Mario de Andrade

O Movimento Modernista

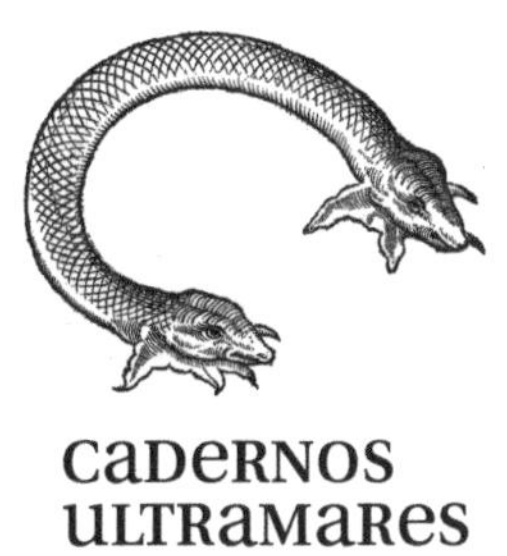

Cadernos
Ultramares

ORGANIZAÇÃO E PROJETO GRÁFICO

Marcos Lacerda, Ana Paula Simonaci e Sergio Cohn

CONSELHO EDITORIAL

André Botelho

Bernardo Esteves

Boaventura de Souza Santos

Evelyn Goyannes Dill Orrico

Fréderic Vanderberghe

José Luis Garcia

Maria João Cantinho

Renato Rezende

Teresa Arijón

Vagner Amaro

ISBN 9786586962369

azougue press |
coordenação geral Sergio Cohn
coordenação editorial
Sergio Cohn — Darien Lamen — Cristián Jiménez Plaza
Brasil | CNPJ 12.272.339/0001-26
Portugal | Oca Editorial NF 515805394
USA | E. Id. 803650511
Chile | Tucán Ediciones RUT 77.369.106-1

A proposta dos Cadernos Ultramares é transpor fronteiras. Não apenas geográficas, com a edição de um amplo panorama do pensamento brasileiro para o público português, mas também entre as áreas do saber, criando uma coleção transdisciplinar, acessível não apenas para leitores especializado, pesquisadores e acadêmicos, como para interessados em geral.

Para isto, os Cadernos Ultramares privilegiam a leveza do ensaio, a "brigada ligeira", utilizando-se de um gênero marcado pela abertura e experimentação, uma forma privilegiada para a proposição e a apresentação de interpretações da cultura e da sociedade. Nos últimos anos, o gênero ensaio tem sido revalorizado como um importante meio de diálogo entre a pesquisa acadêmica e a sociedade.

O Brasil possui uma produção riquíssima de pensamento em diversas áreas, que vão da física à antropologia, da matemática às artes. Os Cadernos Ultramares, ao trazerem importantes textos de alguns dos nossos mais renomados pensadores, sejam clássicos ou contemporâneos, busca possibilitar ao leitor um olhar amplo e qualificado sobre essa produção.

Interessa-nos a constituição de um diálogo entre áreas, de uma conversa aberta que escape das armadilhas do pensamento especializado e do produtivismo acadêmico. Interessa, antes de tudo, a valorização do encontro do leitor com o sabor do texto, do prazer da leitura e da troca livre de pensamento.

APResenTação
POR marcos Lacerda

Mário de Andrade (1893-1945) foi um dos principais pensadores brasileiros. Romancista, poeta, crítico de arte, professor de música, cronista, contista, pesquisador, colecionador de obras de arte, gestor público e agitador cultural. Como dizem uns versos de um poema conhecido seu, ele era trezentos, trezentos e cinquenta. Em todas as áreas teve atuação respeitável e, em muitas delas, foi protagonista, apontou balizas, orientou caminho, movimentou a vida cultural brasileira de forma definitiva e inconteste. O seu papel na renovação das artes no Brasil e na construção de um padrão moderno, cosmopolita e de vanguarda é comparável ao de Fernando Pessoa em Portugal, ao de Baudelaire na França, ao de Edgar Allan Poe e T.S. Eliot nos Estados Unidos, ao de Jorge Luis Borges na Argentina, ao de Virginia Woolf na Inglaterra, ao de Thomas Mann na Alemanha, entre outros exemplos possíveis.

Mas há uma ligeira diferença: Mário atuou também como liderança na construção de políticas da cultura e na própria constituição de um imaginário sobre o país, de tal modo que a sua polivalência de artista-pensador o situa num espaço raro, como intelectual público consciente das suas responsabilidades sociais e políticas, além de escritor e poeta moderno, subversivo e radicalmente cosmopolita, amante das formas e do sentido das palavras que se relacionam entre si. Um espírito moderno por excelência. O desejo de ser livre de amarras da tradição acompanhava o sujeito que se sabe contemporâneo ao seu tempo e que tem um ímpeto de reformista da vida concreta, real, sensível, cotidiana, terra-a-terra, em suas dimensões de profunda desigualdade social e política. A sua relação com a modernidade não se deu através de nenhum deslumbramento com o mito da liberdade burguesa do artista pairando acima da vida real. Muito ao contrário, a sua relação com a modernidade se deu de forma a desconfiar do individualismo do virtuose, do pequeno-burguês autorreferente, como crítica estética e política ao mesmo tempo, o situando também entre aqueles que pensaram a modernidade capitalista de forma crítica, casos de Walter Benjamim, Theodor Adorno e Caio Prado Junior, como podemos ver em sua conferência "O artista e o artesão" (1938). Mário de Andrade era também, a seu modo, um crítico da modernidade na periferia do capitalismo.

Sua vasta obra inclui romances (*Amar, verbo intransitivo, Macunaíma*), contos (*Os contos de Belazarte, Contos novos*), livros de poesia (*Há uma gota de sangue em cada poema, Pauliceia desvairada, Remate de males, Clã de Jabuti, Losango Cáqui, Lira Paulistana*), crítica de arte em geral (*A escrava que não é Isaura, Ensaio sobre música brasileira, Na pancada do ganzá, Aspectos da literatura brasileira, O baile das quatro artes*), crônicas e textos escritos "no calor da hora", para jornais de grande circulação nacional (*Táxi e crônicas* no Diário Nacional, *Música e jornalismo*), registro narrativo das suas viagens (*O turista aprendiz*), situados em um contexto histórico, político e intelectual potente para o Brasil.

Foi durante a primeira metade do século XX que surgiram os grandes ensaios de interpretação do Brasil (*Casa Grande e Senzala* de Gilberto Freyre, *Raízes do Brasil* de Sérgio Buarque de Hollanda e *Formação do Brasil contemporâneo*, de Caio Prado Junior) e se consolidou a literatura moderna brasileira (Carlos Drummond de Andrade, Oswald de Andrade, Manuel Bandeira, José Lins do Rego, Jorge Amado, Graciliano Ramos, Raquel de Queiroz, Clarice Lispector, Lucio Cardoso, entre outros) e se deram alguns dos momentos mais turbulentos da vida social e política, com movimentos sociais populares (greves operárias, movimentos milenaristas, partidos operários), e mudanças institucionais no âmbito do Estado (Primeira república – 1889-1930; Revolução de 30, Ditadura do Estado Novo – 1937-1945), sem contar o próprio contexto internacional, com a primeira e a segunda guerra mundial e a revolução russa de 1917.

*

Podemos ver em sua obra a presença pelo menos de três vertentes entrelaçadas: formalista, nacionalista e política. Na primeira, a perspectiva está diretamente associada aos problemas da arte no sentido formal, o que implica em questões associadas às técnicas, às formas, à necessidade de se desvincular dos padrões já estabelecidos pela tradição literária, à criação de uma obra crítica específica voltada para artes; na segunda, a dimensão da cultura se sobrepõe à arte, sendo pensada numa perspectiva antropológica, como aquilo que envolve todos os aspectos da vida humana, não só a arte propriamente; na terceira, por sua vez, o centro de sentido se desloca para a dimensão política, através de uma crítica social ao capitalismo urbano-industrial e suas mazelas, especialmente a desigualdade social e de classes. Como marco da primeira vertente, destacamos *Pauliceia desvairada* (1922), seu segundo livro de poemas; como marco da segunda, *Macunaíma* (1928), seu romance-rapsódia; como da terceira, podemos pensar no poema magnífico "A meditação sobre o Tietê" e no já citado "O artista e o artesão" (1938). Em meio às três vertentes, a conferência *O movimento modernista* (1942), como uma síntese das obras e do papel de Mário de Andrade para a cultura brasileira e de seus pares no modernismo.

Pauliceia desvairada, seu segundo livro de poemas, um marco no modernismo brasileiro, tem como palco São Paulo, a maior metrópole brasileira e que, naquele momento, vinha despontando como espaço de novas experiências urbanas, com rápido e assombroso crescimento industrial. São Paulo viria a ocupar o espaço no Brasil que um dia foi de Salvador (século XV a XVII), Minas Gerais (século XVIII) e Rio de Janeiro (século XIX), como principal pólo cultural e centro dos principais acontecimentos do mundo. Mário já antevia esta mudança em seu livro de poemas, assim como os seus pares modernistas (Oswald de Andrade, Anitta Malfatti, Tarsila do Amaral, Menotti del Picchia), que viriam a deflagrar naquela metrópole a Semana de Arte de Moderna de 1922, principal evento de renovação das artes no Brasil e que viria a ser o marco da modernidade da cultura brasileira em todos os aspectos. O sentido de acontecimento central, definidor do que viria a ser o século XX brasileiro, coloca a Semana de Arte Moderna num lugar ainda insuperável entre os movimentos e movimentações mais profundos da cultura e das artes no Brasil. Mário foi um de seus protagonistas e, podemos dizer, um dos seus personagens centrais. Foi nele, na sua obra, nos seus textos críticos, nas suas viagens pelo Brasil, na sua atuação pública, que as contradições, impossibilidades, grandezas e campo de possibilidades da modernidade brasileira se expressaram, como tradução mais perfeita do Brasil no espírito moderno do mundo, e do espírito do mundo fora do Brasil.

Nos poemas de *Pauliceia desvairada* podemos ver o cuidado da forma, a relação entre sucessividade e simultaneidade, os versos "livres" (desvinculados da métrica tradicional), a escrita ligada às pulsões e aos movimentos do inconsciente, que o aproxima da noção de escrita automática do dadaísmo e do surrealismo; as longas frases acompanhando pausas, reticências, palavras que concentram sentidos verbal e visual, unindo pintura e poesia modernas. A visualidade concisa das palavras trazem para sua poética a imagem e a imaginação cinematográfica, e a imagem das ambiências urbanas numa cidade moderna – jogo de simultaneidades justapostas, descontinuidade de estímulos nervosos nos *outdoors* e nas passagens de pessoas e automóveis – ao lado das narrativas alongadas e contínuas, revelando o disparate de sensações inconciliáveis da metrópole moderna, como podemos ver em "Inspiração", poema que abre o livro.

São Paulo! Comoção de minha vida...
Os meus amores são flores feitas de original...
Arlequinal!...Traje de losangos... Cinza e ouro...
Luz e bruma... Forno e inverno morno...

Macunaíma (1928), o seu romance-rapsódia, representa o próximo passo de Mário: a vertente nacionalista na viagem e descobrimento do Brasil como Mito. O Brasil como Mito atravessa e embaralha tempos e espaços, rompe com qualquer linearidade narrativa, acompanha as movimentações e transformações do personagem central – Macunaíma, o herói sem nenhum caráter – em homens, mulheres, bichos, coisas, deslocando regiões, classes, gêneros e "raça", numa multiplicidade de possiblidades identitárias sem um núcleo fundador, sem um centro, sem síntese, em suma, "sem caráter". O percurso pelos livros de viajantes estrangeiros ao Brasil colonial, as pesquisas de cunho antropológico e etnográfico, o trabalho crítico em música popular relacionada ao folclore, a ida ao Norte e ao Nordeste são algumas das atividades associadas ao seu projeto nacionalista e popular de Brasil, ao lado da sua atuação pública como gestor ativo e radicalmente inovador de políticas culturais.

Se *Pauliceia desvairada* pode ser representativo da fase do formalismo de vanguarda e *Macunaíma* do nacionalismo popular, ambos cosmopolitas, a conferência *O movimento modernista* pode ser pensada como a síntese entre formalismo e nacionalismo, procurando apresentar um balanço do papel do modernismo no avanço da modernização das artes, do pensamento e mesmo da vida social e política do Brasil. Trata-se do texto de uma conferência dada por Mário de Andrade, em 1942, no salão de conferência da biblioteca do Ministério das Relações Exteriores do Brasil, na cidade do Rio de Janeiro, publicado posteriormente e no mesmo ano no jornal *O Estado de São Paulo*. Nela se faz um balanço crítico e agudo do modernismo brasileiro através de uma discussão franca e aberta sobre o seu legado real. O modernismo, em primeiro lugar, é visto através de uma dimensão dupla: como ruptura e como destruição. Nas duas dimensões, como estratégia de guerra à "inteligência nacional" consagrada, e não como continuadora da tradição sedimentada na então capital federal (Rio de Janeiro) via simbolismo e pós-simbolismo. Na verdade, ele nascera como reação a esta tradição sedimentada. O modernismo é visto, assim, como invenção moderna do Brasil, pensando a modernidade de fins de século XIX e começo do século XX, da segunda revolução industrial, do cinema, da fotografia, dos automóveis, das ciências sociais, das vanguardas europeias (cubismo, expressionismo, dadaísmo). O espírito era, na primeira fase do movimento, profunda e radicalmente destruidor. Era necessário colocar as coisas pelo avesso, deslocar sentidos, embaralhar categorias, critérios e formas. Foi o que fez o modernismo brasileiro na sua fase heroica, tendo São Paulo como epicentro, cidade que estava em profunda ebulição urbano-industrial e se situava no centro da atualidade mais contemporânea do mundo, como nenhuma outra cidade brasileira naquele momento e mesmo durante todo o século XX.

A fase construtiva veio num segundo momento. O modelo aristocrático de vanguarda artística viria a ser substituído por um novo modelo, proletário (para usar os próprios termos de Mário), mais afeito à serenidade, ao trabalho cuidadoso das formas e à construção de uma consciência crítica nacional e a um processo de descentralização regional, que exige uma atenção à produção artística e cultural de outros estados e cidades, para além do eixo São Paulo-Rio. A exigência de se conhecer um Erico Veríssimo (Rio Grande do Sul), um Gilberto Freyre (Pernambuco), ou uma Raquel de Queiroz (Ceará), para citar os exemplos usados pelo autor, passaram a ser parte da formação do modo de ser do Brasil, um dos principais ganhos do modernismo. O espírito construtivista do segundo momento, assim, consolidou e ampliou a renovação radical da vida intelectual e da cultura brasileira, mas ele só foi possível por conta deste primeiro momento de ruptura e destruição. Neste sentido, embora o tom do texto seja crítico e até mesmo desesperançado em alguns momentos, Mário de Andrade reivindica como o grande legado do modernismo brasileiro a consolidação construtiva deste espírito de invenção permanente, moderno por excelência, integrando o Brasil, de forma autônoma e afirmada, no espírito do mundo.

Se *Pauliceia desvairada* pode ser representativo da fase do formalismo de vanguarda e *Macunaíma* do nacionalismo popular, ambos cosmopolitas, a conferência *O movimento modernista*, selecionada para este volume da coleção ultramares ao lado de uma entrevista de Joel Silveira com Mário de Andrade, pode ser pensada como a síntese entre formalismo e nacionalismo, procurando apresentar um balanço do papel do modernismo no avanço da modernização das artes, do pensamento e mesmo da vida social e política do Brasil.

Por fim, o poema "A meditação sobre o Tietê", publicado no livro *Lira Paulistana* (1945), realiza de forma complexa, crítica e criativa, a terceira vertente, aquela que coloca no centro a crítica social e a dimensão política. No poema, o poeta apresenta uma ode grandiosa e densa ao rio Tietê (rio que atravessa São Paulo), incluindo a forte conotação de crítica social e política aos "donos da vida", quase como uma voz esgarçando a necessidade de mudança social radical. A beleza do poema é inconteste, a sua forma alongada, os versos atravessando a noite misteriosa, as fantasmagorias do imaginário se movimentando para a vida concreta, a cidade emergindo como concentração de tempos e espaços, o lamento amargurado ressoando, os êxtases repentinos e delírios, a euforia e a resignação, o tumulto do coração exausto, das águas oleosas e banhadas pela noite. É noite e tudo é noite. A "Meditação sobre o Tietê" é daqueles grandes poemas expansivos, que se derramam pelas coisas, como "A máquina do mundo" de Carlos Drummond de Andrade, "A tabacaria" de Fernando Pessoa, "A terra desolada", de T.S Eliot, as "Elegias de Duino" de Rilke, a "Estrada aberta" em Whitman, entre outros, tudo valendo por uma espécie de desfecho da grande obra de Mário de Andrade.

O Movimento Modernista

Manifestado especialmente pela arte, mas manchando também com violência os costumes sociais e políticos, o movimento modernista foi o prenunciador, o preparador e por muitas partes o criador de um estado de espírito nacional. A transformação do mundo com o enfraquecimento gradativo dos grandes impérios, com a prática europeia de novos ideais políticos, a rapidez dos transportes e mil e uma outras causas internacionais, bem como o desenvolvimento da consciência americana e brasileira e da educação, impunham a criação de um espírito novo e exigiam a reverificação e mesmo a remodelação da Inteligência nacional. Isto foi o movimento modernista, de que a Semana de Arte Moderna ficou sendo o brado coletivo principal. Há um mérito inegável nisto, embora aqueles primeiros modernistas... das cavernas, que nos reunimos em torno da pintura Anita Malfatti e do escultor Victor Brecheret, tenhamos como que apenas servido de altifalantes de uma força universal e nacional muito mais complexa que nós. Força fatal, que viria mesmo. Já um crítico de senso-comum afirmou que tudo quanto fez o movimento modernista, far-se-ia da mesma forma sem o movimento. Não conheço lapalissada mais graciosa. Porque tudo isso que se faria, sem o movimento modernista, seria pura e simplesmente... o movimento modernista.

Fazem vinte anos que realizou-se, no Teatro Municipal de São Paulo, a Semana de Arte Moderna. É todo um passado agradável, que não ficou nada feio, mas que me assombra um pouco também. Como tive a coragem para participar daquela batalha! É certo que com minhas experiências artísticas muito que venho escandalizando a intelectualidade do meu país, porém, expostas em livros e artigos, como que essas experiências não se realizam in anima nobile. Não estou de corpo presente, e isto abranda o choque da estupidez. Mas como tive coragem de dizer versos diante duma vaia tão bulhenta, que eu não escutava no palco o que Paulo Prado me gritava da primeira fila das poltronas?... Como pude fazer uma conferência sobre artes plásticas, na escadaria do Teatro, cercado de anônimos que me caçoavam e ofendiam a valer?...

O meu mérito de participante é mérito alheio: fui encorajado, fui enceguecido pelo entusiasmo dos outros. Apesar da confiança absolutamente firme que eu tinha na estética renovadora, mais que confiança, fé verdadeira, eu não teria forças nem físicas nem morais para arrostar aquela tempestade de achincalhes. E se aguentei o tranco, foi porque estava delirando. O entusiasmo dos outros me embebedava, não o meu. Por mim, teria cedido. Digo que teria cedido, mas apenas nessa apresentação espetacular que foi a Semana de Arte Moderna. Com ou sem ela, minha vida intelectual seria o que tem sido.

A Semana marca uma data, isso é inegável. Mas o certo é que a pré-consciência primeiro, e em seguida a convicção de uma arte nova, de um espírito novo, desde pelo menos seis anos, viera se definindo no... sentimento de um grupinho de intelectuais paulistas. De primeiro foi um fenômeno estritamente sentimental, uma intuição divinatória, um... estado de poesia. Com efeito: educados na plástica "histórica", sabendo quando muito da existência dos impressionistas principais, ignorando Cézanne, o que nos levou a aderir incondicionalmente à exposição de Anita Malfatti, que em plena guerra vinha nos mostrar quadros expressionistas e cubistas? Parece absurdo, mas aqueles quadros foram a revelação. E ilhados na enchente de escândalo que tomara a cidade, nós, três ou quatro, delirávamos de êxtase diante de quadros que se chamavam o "Homem Amarelo", a "Estudante Russa", a "Mulher de Cabelos Verdes". E a esse mesmo "Homem

Amarelo" de formas tão inéditas então, eu dedicava um soneto de forma parnasianíssima... éramos assim.

Pouco depois, Menotti del Picchia e Oswald de Andrade descobriram o escultor Victor Brecheret, que modorrava em São Paulo numa espécie de exílio, um quarto que lhe tinham dado grátis, no Palácio das Indústrias, pra guardar os seus calungas. Brecheret não provinha da Alemanha, como Anita Malfatti, vinha de Roma. Mas também importava escurezas menos latinas, pois fora aluno do célebre Maestrovic. E fazíamos verdadeiras rêveries a galope em frente da simbólica exasperada e estilizações decorativas do "gênio". Porque Victor Brecheret, para nós, era no mínimo um gênio. Este o mínimo com que podíamos nos contentar, tais os entusiasmos a que ele nos sacudia. E Brecheret ia ser em breve o gatilho que faria "Pauliceia Desvairada" estourar...

Eu passara esse ano de 1920 sem fazer poesia mais. Tinha cadernos e cadernos de coisas parnasianas e algumas timidamente simbolistas, mas tudo acabara por me desagradar. Na minha leitura desarvorada, já conhecia até alguns futuristas de última hora, mas só então descobrira Verhaeren. E fora o deslumbramento. Levado em principal pelas "Villes Tentaculaires", concebi imediatamente fazer um livro de poesias "modernas", em verso livre, sobre a minha cidade.

Tentei, não veio nada que me interessasse. Tentei mais, e nada. Os meses passavam, numa angústia, numa insuficiência feroz. Será que a poesia tinha se acabado em mim?... E eu me acordava insofrido.

A isso se ajuntavam dificuldades morais e vitais de vária espécie, foi ano de sofrimento muito. Já ganhava pra viver folgado, mas na fúria de saber as coisas que me tomara, o ganho fugia em livros e eu me estrepava em cambalachos financeiros terríveis. Em família, o clima era torvo. Se mãe e irmãos não se amolavam com as minhas "loucuras", o resto da família me retalhava sem piedade. E com certo prazer até: esse doce prazer familiar de ter num sobrinho ou num primo, um "perdido" que nos valoriza virtuosamente. Eu tinha discussões brutais em que os desaforos mútuos não raro chegavam àquele ponto de arrebentação que... porque será que a arte os provoca?! A briga era braba, e se não me abatia nada, me deixava em ódio, mesmo ódio.

Foi quando Brecheret me concedeu passar em bronze um gesso dele que eu gostava, uma "Cabeça de Cristo", mas com que roupa! Eu devia os olhos da cara! Andava às vezes a pé por não ter duzentos réis pra bonde, no mesmo dia em que gastara seiscentos mil réis em livros... e seiscentos mil réis era dinheiro então. Não hesitei: fiz mais conchavos financeiros com o mano, e afinal pude desembrulhar em casa a minha "Cabeça de Cristo", sensualissimamente feliz. Isso a notícia correu num átimo, e a parentada que morava pegado, invadiu a casa pra ver. E pra brigar. Berravam, berravam. Aquilo era até pecado mortal!, estrilava a senhora minha tia velha, matriarca da família. Onde se viu Cristo de trancinha! Era feio! Medonho! Maria Luisa, vosso filho é um perdido mesmo.

Fiquei alucinado, palavra de honra. Minha vontade era bater. Jantei por dentro, num estado inimaginável de estraçalho. Depois subi para o meu quarto, era noitinha, na intenção de me arranjar, sair, espairecer um bocado, botar uma bomba no centro do mundo. Me lembro que cheguei à sacada, olhando sem ver meu largo. Ruídos, luzes, falas abertas subindo dos choferes de aluguel. Eu estava aparentemente calmo, como que indestinado. Não sei o que me deu. Fui até a escrivaninha, abri um caderno, escrevi o título em que jamais pensara, "Pauliceia Desvairada". O estouro chegara afinal, depois de quase um ano de angústias interrogativas. Entre desgostos, trabalhos urgentes, dívidas, brigas, em pouco mais de uma semana estava jogado no papel um canto bárbaro, duas vezes maior do que isso que o trabalho de arte deu num livro .

Quem teve a ideia da Semana de Arte Moderna? Por mim não sei quem foi, nunca soube, só posso garantir que não fui eu. O movimento, se alastrando aos poucos, já se tornara uma espécie de escândalo público permanente. Já tínhamos lido nossos versos no Rio de Janeiro; e numa leitura principal, em casa de Ronald de Carvalho, onde também estavam Ribeiro Couto e Renato Almeida, numa atmosfera de simpatia, "Pauliceia Desvairada" obtinha o consentimento de Manuel Bandeira, que em 1919 ensaiara os seus primeiros versos livres, no "Carnaval". E eis que Graça Aranha, célebre, trazendo da Europa a sua "Estética da Vida", vai a São Paulo, e procura nos conhecer e agrupar em torno de sua filosofia. Nós nos ríamos um bocado da "Estética da Vida" que ainda atacava certos modernos europeus da nossa admiração, mas aderimos francamente ao mestre. E alguém lançou a ideia de se fazer uma semana de arte moderna, com exposição de artes plásticas, concertos, leituras de livros e conferências explicativas. Foi o próprio Graça Aranha? Foi Di Cavalcanti?... Porém, o que importa era poder realizar essa ideia, além de audaciosa, dispendiosíssima. E o fator verdadeiro da Semana de Arte Moderna foi Paulo Prado. E só mesmo uma figura como ele e uma cidade grande, mas provinciana como São Paulo poderiam fazer o movimento modernista e objetivá-lo na Semana.

Houve tempo em que se cuidou de transplantar para o Rio as raízes do movimento, devido às mani-

festações impressionistas e principalmente pós-sim-
bolistas que existiam então na capital da República.
Existiam, é inegável, principalmente nos que mais
tarde, sempre mais cuidadosos de equilíbrio e espírito
construtivo, formaram o grupo da revista "Festa". Em
São Paulo, esse ambiente estético só fermentava em
Guilherme de Almeida e num Di Cavalcanti pastelista,
"menestrel dos tons velados", como o apelidei numa
dedicatória esdrúxula. Mas eu creio ser um engano
esse evolucionismo a todo transe, que lembra nomes
de Nestor Victor ou Adelino Magalhães, como elos
precursores. Então seria mais lógico evocar Manuel
Bandeira com o seu "Carnaval". Mas se soubéramos
deste por um acaso de livraria e o admirávamos, dos
outros, nós na província ignorávamos até os nomes,
porque os interesses imperialistas da Corte não eram
nos mandar "humilhados ou luminosos", mas a grande camelote acadêmica, sorriso da sociedade, útil de
provinciano gostar.

Não. O modernismo, no Brasil, foi uma ruptura, foi
um abandono de princípios e de técnicas consequen-
tes, foi uma revolta contra o que era a Inteligência
nacional. É muito mais exato imaginar que o estado
de guerra na Europa tivesse preparado em nós um
espírito de guerra, eminentemente destruidor. E as
modas que revestiram este espírito foram, de início,

diretamente importadas da Europa. Quanto a dizer que éramos, os de São Paulo, uns antinacionalistas, uns antitradicionalistas europeizados, creio ser falta de sutileza crítica. É esquecer todo o movimento regionalista aberto justamente em São Paulo e imediatamente antes, pela "Revista do Brasil"; é esquecer todo o movimento editorial de Monteiro Lobato; é esquecer a arquitetura e até o urbanismo (Dubugras) neocolonial, nascidos em São Paulo. Desta ética estávamos impregnados. Menotti del Picchia nos dera o "Juca Mulato", estudávamos a arte tradicional brasileira e sobre ela escrevíamos; e canta regionalmente a cidade materna o primeiro livro do movimento. Mas o espirito modernista e as suas modas foram diretamente importados da Europa.

Ora, São Paulo estava muito mais "ao par" que o Rio de Janeiro. E, socialmente falando, o modernismo só podia mesmo ser importado por São Paulo e arrebentar na província. Havia uma diferença grande, já agora menos sensível, entre Rio e São Paulo. O Rio era muito mais internacional, como norma de vida exterior. Está claro: porto do mar e capital do país, o Rio possui um internacionalismo ingênito. São Paulo era espiritualmente muito mais moderna porém, fruto necessário da economia do café e do industrialismo consequente. Caipira de serra acima, conservando até agora um espírito provinciano servil, bem denunciado por sua política, São Paulo estava ao mesmo tempo, pela sua atualidade comercial e sua industrialização, em contato mais espiritual e mais técnico com a atualidade do mundo.

É mesmo de assombrar como o Rio mantém, com sua malícia vibrátil de cidade internacional, uma espécie de ruralismo, um caráter parado tradicional muito maior que São Paulo. O Rio é dessas cidades em que não só permanece indissolúvel o "exotismo" nacional (o que aliás é prova de vitalidade de seu caráter), mas a interpenetração do rural com o urbano. Coisa já impossível de se perceber em São Paulo. Como Belém, ou Recife, a Cidade do Salvador: o Rio ainda é uma cidade folclórica. Em São Paulo o exotismo folclórico não frequenta a rua Quinze, que nem os sambas que nascem nas caixas de fósforos do Bar Nacional.

Ora no Rio malicioso, uma exposição como a de Anita Malfatti podia dar reações publicitárias, mas ninguém se deixava levar. Na São Paulo sem malícia, criou uma religião. Com seus Neros também... O artigo "contra" do pintor Monteiro Lobato, embora fosse um chorrilho de tolices, sacudiu uma população, modificou uma vida.

Junto disso, o movimento modernista era nitidamente aristocrático. Pelo seu caráter de jogo arriscado, pelo seu espírito aventureiro ao extremo, pelo seu internacionalismo modernista, pelo seu nacionalismo embrabecido, pela sua gratuidade antipopular, pelo seu dogmatismo prepotente, era uma aristocracia do espírito. Bem natural, pois, que a alta e a pequena burguesia o temessem. Paulo Prado, ao mesmo tempo que um dos expoentes da aristocracia intelectual paulista, era uma das figuras principais da nossa aristocracia tradicional. Não da aristocracia improvisada do Império, mas da outra mais antiga, justificada no trabalho secular da terra e oriunda de qualquer salteador europeu, que o critério monárquico de Deus-Rei já amancebara com a genealogia. E foi por tudo isto que Paulo Prado pode medir bem o que havia de aventureiro e de exercício do perigo, no movimento, e arriscar a sua responsabilidade intelectual e tradicional na aventura.

Uma coisa dessas seria impossível no Rio, onde não existe aristocracia tradicional, mas apenas alta burguesia riquíssima. E esta não podia encampar um movimento que lhe destruía o espírito conservador e conformista. A burguesia nunca soube perder, e isso é que a perde. Se Paulo Prado, com a sua autoridade intelectual e tradicional, tomou a peito a realização da Semana, abriu a lista das contribuições e arrastou atrás de si os seus pares aristocratas e mais alguns que a sua figura dominava, a burguesia protestou e vaiou. Tanto a burguesia de classe como a de espírito. E foi no meio da mais tremenda assuada, um dos maiores insultos, que a Semana de Arte Moderna abriu a segunda fase do movimento modernista, o período realmente destruidor.

Porque na verdade, o período... heroico, fora esse anterior, iniciado com a exposição de pintura de Anita Malfatti e terminado na "festa" da Semana de Arte Moderna. Durante essa meia dúzia de anos fomos realmente puros e livres, desinteressados, vivendo numa união iluminada e sentimental das mais sublimes. Isolados do mundo ambiente, caçoados, evitados, achincalhados, malditos, ninguém não pode imaginar o delírio ingênuo de grandeza e convencimento pessoal com que reagimos. O estado de exaltação em que vivíamos era incontrolável. Qualquer página de qualquer um de nós jogava os outros a comoções prodigiosas, mas aquilo era genial!

E eram aquelas fugas desabaladas dentro da noite, no cadillac verde de Oswald de Andrade, a meu ver a figura mais característica e dinâmica do movimento, para ir ler as nossas obras-primas em Santos, no Alto da Serra, na Ilha das Palmas... E os encontros à tardinha, em que ficávamos em exposição diante de algum raríssimo admirador, na redação de "Papel e Tinta"...

E a falange engrossava com Sergio Milliet e Rubens Borba de Morais, chegados sabidíssimos da Europa... E nós tocávamos com respeito religioso, esses peregrinos confortáveis que tinham visto Picasso e conversado com Romain Rolland... E a adesão, no Rio, de um Álvaro Moreyra, de um Ronald de Carvalho... E o desconhecimento assombrado de que existiam em São Paulo muitos quadros de Lasar Segall, já muito admirado através das revistas alemãs... Tudo gênios, tudo obras-primas geniais... Apenas Sergio Milliet punha um certo mal-estar no incêndio, com a sua serenidade equilibrada... E o filósofo da malta, Couto de Barros, pingando ilhas de consciência em nós, quando no meio da discussão, em geral limitada a bate-bocas de afirmações peremptórias, perguntava mansinho: "mas qual é o critério que você tem da palavra 'essencial'? ". Ou: "mas qual é o conceito que você tem do 'belo horrível'? "...

Éramos uns puros. Mesmo cercados de repulsa cotidiana, a saúde mental de quase todos nós, nos impedia cultivo da dor. Nisso talvez as teorias futuristas tivessem uma influência única e benéfica sobre nós. Ninguém pensava em sacrifício, ninguém bancava o incompreendido, nenhum se imaginava precursor nem mártir: éramos uma arrancada de heróis convencidos. E muito saudáveis.

A Semana de Arte Moderna, ao mesmo tempo que coroamento lógico dessa arrancada gloriosamente vivida (desculpem, mas éramos gloriosos de antemão...), a Semana de Arte Moderna dava um primeiro golpe na pureza de nosso aristocracismo espiritual. Consagrado o movimento pela aristocracia paulista, se ainda sofreríamos algum tempo ataques por vezes cruéis, a nobreza regional nos dava mão forte e... nos dissolvia nos favores da vida. Está claro que não agia de caso pensado, e se nos dissolvia era pela própria natureza e o seu estado de decadência. Numa fase em que ela não tinha mais nenhuma realidade vital, como certos reis de agora, a nobreza rural paulista só podia nos transmitir a sua gratuidade. Principiou-se o movimento dos salões. E vivemos uns oito anos, até perto de 1930, na maior orgia intelectual que a história do país registra.

Mas na intriga burguesa escandalizadíssima, a nossa "orgia" não era apenas intelectual... O que não disseram, o que não se contou das nossas festas. Champanha com éter, vícios inventadíssimos, as almofadas viraram "coxins", criaram toda uma semântica do maldizer... No entanto, quando não foram bailes públicos (que foram o que são bailes desenvoltos de alta sociedade), as nossas festas dos salões modernistas eram as mais inocentes brincadeiras de artistas que se pode imaginar.

Havia a reunião das terças, à noite, na rua Lopes Chaves. Primeira em data, essa reunião semanal continha exclusivamente artistas e precedeu mesmo a Semana de Arte Moderna. Sob o ponto de vista intelectual foi o mais útil dos salões, se é que se podia chamar salão aquilo. Às vezes doze, até quinze artistas, se reuniam no estúdio acanhado onde se comia doces tradicionais brasileiros e se bebia um alcoolzinho econômico. A arte moderna era assunto obrigatório e o intelectualismo tão intransigente e desumano que chegou mesmo a ser proibido falar mal da vida alheia! As discussões alcançavam transes agudos, o calor era tamanho que um ou outro sentava nas janelas (não havia assento para todos) e assim mais elevado dominava pela altura, já que não dominava pela voz nem pelo argumento. E aquele raro retardatário da alvorada parava defronte na esperança de alguma briga por gozar.

Havia o salão da avenida Higienópolis que era o mais selecionado. Tinha por pretexto o almoço dominical, maravilha de comida luso-brasileira. Ainda aí a conversa era estritamente intelectual, mas variava mais e se alargava. Paulo Prado com o seu pessimismo fecundo e o seu realismo, convertia sempre o assunto das livres elucubrações artísticas aos problemas da realidade brasileira. Foi o salão que durou mais tempo e se dissolveu de maneira bem malestarecenta. O seu chefe, tornando-se, por sucessão, o patriarca da família Prado, a casa foi invadida, mesmo aos domingos, por um público da alta que não podia compartilhar do rojão dos nossos assuntos. E a conversa se manchava de pôquer, casos de sociedade, corridas de cavalo, dinheiro. Os intelectuais, vencidos, foram se retirando.

E houve o salão da rua Duque de Caxias, que foi o maior, o mais verdadeiramente salão. As reuniões semanais eram à tarde, também às terças-feiras. E isso foi a causa das reuniões noturnas do mesmo dia irem esmorecendo na rua Lopes Chaves. A sociedade da rua Duque de Caxias era mais numerosa e variegada. Só em certas festas especiais, no salão moderno, construído nos jardins do solar e decorado por Lasar Segall, o grupo se tornava mais coeso. Também aí o culto da tradição era firme, dentro do maior modernismo. A cozinha, de cunho afro-brasileiro, aparecia em almoços e jantares perfeitíssimos de composição. E conto entre as minhas maiores venturas admirar essa mulher excepcional que foi Dona Olivia Guedes Penteado. A sua discrição, o seu tato e a autoridade prodigiosos com que ela soube dirigir, manter, corrigir essa multidão heterogênea que se chegava a ela, atraída pelo seu prestígio, artistas, políticos, ricaços, cabotinos, foi incomparável. O seu salão, que também durou vários anos, teve como elemento principal de dissolução a efervescência que estava preparando 1930. A fundação do Partido Democrático, o ânimo político eruptivo que se apoderara de muitos intelectuais, sacudindo-os para os extremismos de direita ou esquerda, baixara um mal-estar sobre as reuniões. Os democráticos foram se afastando. Por outro lado, integralismo encontrava algumas simpatias entre as pessoas da roda: e ainda estava muito sem vício, muito desinteressado para aceitar acomodações. Sem nenhuma publicidade, mas com firmeza, Dona Olivia Guedes Penteado soube terminar aos poucos o seu salão modernista.

O último em data desses salões paulistas foi o da alameda Barão de Piracicaba, congregado em torno da pintora Tarsila. Não tinha dia fixo, mas as festas eram quase semanais. Durou pouco. E não teve jamais o encanto das reuniões que fazíamos antes, quatro ou cinco artistas, no antigo ateliê da admirável pintora. Isto foi pouco depois da Semana, quando fixada na compreensão da burguesia, a existência de uma onda revolucionária, ela principiou nos castigando com a perda de alguns empregos. Alguns estávamos quase literalmente sem trabalho. Então íamos para o ateliê da pintora, brincar de arte, dias inteiros. Mas dos três salões aristocráticos, Tarsila conseguiu dar ao dela

uma significação de maior independência, de como-
didade. Nos outros dois, por maior que fosse o libe-
ralismo dos que os dirigiam, havia tal imponência de
riqueza e tradição no ambiente que não era possível
nunca evitar um tal ou qual constrangimento. No de
Tarsila jamais sentimos isso. O mais gostoso de nossos
salões aristocráticos.

E foi da proibição desses salões que se alastrou
pelo Brasil o espírito destruidor do movimento modernista. Isto é, o seu sentido verdadeiramente espe-
cífico. Porque, embora lançando inúmeros processos
e ideias novas, o movimento modernista foi essencialmente destruidor. Até destruidor de nós mesmos,
porque o pragmatismo das pesquisas sempre enfra-
queceu a liberdade da criação. Essa a verdade verdadeira. Enquanto nós, os modernistas de São Paulo,
tínhamos incontestavelmente uma repercussão nacional, éramos os bodes expiatórios dos passadistas,
mas ao mesmo tempo o Senhor do Bonfim dos novos
do país todo, os outros modernos de então, que já pre-
tendiam construir, formavam núcleos respeitáveis,
não tem dúvida, mas de existência limitada e sem verdadeiramente nenhum sentido temporâneo. Assim
Plínio Salgado que, vivendo em São Paulo, era posto
de parte e nunca pisou os salões. Graça Aranha também, que sonhava construir, se atrapalhava muito en-

tre nós; e nos assombrava a incompreensão ingênua com que a "gente séria" do grupo de "Festa" tomava a sério as nossas blagues e arremetia contra nós. Não. O nosso sentido era especificamente destruidor. A aristocracia tradicional nos deu mão forte, pondo em evidência mais essa germinação de destino – também ela já então autofagicamente destruidora, por não ter mais uma significação legitimável. Quanto aos aristôs do dinheiro, esses nos odiavam no princípio e sempre nos olharam com desconfiança. Nenhum salão de ricaço tivemos, nenhum milionário estrangeiro nos acolheu. Os italianos, alemães, os israelitas se faziam de mais guardadores do bom senso nacional que Prados e Penteados e Amarais...

Mas nós estávamos longe, arrebatados pelos ventos da destruição. E a fazíamos ou preparávamos especialmente pela festa, de que a Semana de Arte Moderna fora a primeira. Todo esse tempo destruidor do movimento modernista foi pra nós tempo de festa, de cultivo imoderado do prazer. E se tamanha festança diminui por certo nossa capacidade de produção e serenidade criadora, ninguém pode imaginar como nos divertimos. Salões, festivais, bailes célebres, semanas passadas em grupo nas fazendas opulentas, semanas-santas pelas cidades velhas de Minas, viagens pelo Amazonas, pelo Nordeste, chegadas à Bahia, passeios constantes ao passado paulista, Sorocaba, Parnaíba, Itú... Era ainda o caso do baile sobre os vulcões... Doutrinários, na ebriez de mil e uma teorias, salvando o Brasil, inventando o mundo, na verdade tudo consumíamos, e a nós mesmos, no cultivo amargo, quase delirante, do prazer.

O movimento de Inteligência que representamos, na fase verdadeiramente "modernista", não foi o fator das mudanças político-sociais posteriores no Brasil. Foi essencialmente um preparador; o criador de um estado-de-espírito revolucionário e de um sentimento de arrebentação. E se numerosos dos intelectuais do movimento se dissolveram na política, se vários de nós participamos das reuniões iniciais do Partido Democrático, carece não esquecer que tanto este como 1930 eram ainda destruição. Os movimentos espirituais precedem sempre as mudanças de ordem social. O movimento social de destruição é que principiou com o Pauliceia Desvairada e 1930. E no entanto, é justo por esta data de 1930, que principia para a Inteligência brasileira uma fase mais calma, mais modesta e cotidiana, mais proletária, por assim dizer, de construção. À espera que um dia as outras formas sociais a imitem.

E foi a vez do salão de Tarsila se acabar. Mil novecentos e trinta... Tudo estourava, políticas, famílias, casais de artistas, estéticas, amizades profundas. O

sentido destrutivo e festeiro do movimento modernista já não tinha mais razão de ser, cumprido o seu
destino legítimo. Na rua, o povo amotinado gritava: –
Getúlio! Getúlio!... Na sombra, Plínio Salgado pintava
de verde a sua megalomania de Esperado. No norte,
atingindo de salto as nuvens mais desesperadas, outro avião abria asas do terreno incerto da bagaceira.
Outros abriam, mas eram as veias pra manchar de encarnado as suas quatro paredes de segredo. Mas nesse
vulcão, agora ativo e de tantas esperanças, já vinham
se fortificando as belas figuras mais nítidas e construidoras, os Lins do Rego, os Augusto Frederico Schmidt,
os Otávio de Faria e os Portinari e os Camargo Guarnieri. Que a vida terá que imitar algum dia.

Não cabe neste discurso de caráter polêmico, o
processo analítico do movimento modernista. Embora se integrassem nele figuras e grupos preocupados de construir, o espírito modernista que avassalou
o Brasil, que deu o sentido histórico da Inteligência
nacional nesse período, foi destruidor. Mas esta destruição, não apenas continha todos os germes da
atualidade, como era uma convulsão profundíssima
da realidade brasileira. O que caracteriza esta realidade que o movimento modernista impôs, é, a meu
ver, a fusão de três princípios fundamentais: o direito
permanente à pesquisa estética; a atualização da in

teligência artística brasileira; e a estabilização de uma consciência criadora nacional.

Nada disso representa exatamente uma inovação e de tudo encontramos exemplos na história artística do país. A novidade fundamental, imposta pelo movimento, foi a conjugação dessas três normas num todo orgânico da consciência coletiva. E se, dantes, nós distinguimos a estabilização assombrosa de uma consciência nacional num Gregório de Matos, ou, mais natural e eficiente, num Castro Alves: é certo que a nacionalidade deste, como a nacionalistiquice do outro, e o nacionalismo de um Carlos Gomes, e até mesmo de um Almeida Júnior, eram episódicos como realidade do espírito. E em qualquer caso, sempre um individualismo.

Quanto ao direito de pesquisa estética e atualização universal da criação artística, é incontestável que todos os movimentos históricos das nossas artes (menos o Romantismo, que comentarei adiante) sempre se basearam no academicismo. Com alguma exceção individual rara, e sem a menor repercussão coletiva, os artistas brasileiros jogaram sempre colonialmente no certo. Repetindo e afeiçoando estéticas já consagradas, se eliminava assim o direito de pesquisa, e consequentemente de atualidade. E foi dentro desse academismo inelutável que se realizaram nossos maiores, um Aleijadinho, um Costa Ataíde, Cláudio Manuel, Gonçalves Dias, Gonzaga, José Maurício, Nepomuceno, Aluísio. E até mesmo um Álvares de Azevedo, até mesmo um Alphonsus de Guimaraens.

Ora, o nosso individualismo entorpecente se esperdiçava no mais desprezível dos lemas modernistas, "não há escolas!", e isso terá por certo prejudicado muito a eficiência criadora do movimento. E se não prejudicou a sua ação espiritual sobre o país, é porque o espírito paira sempre acima dos preceitos, como das próprias ideias... Já é tempo de observar, não o que um Augusto Meyer, um Tasso da Silveira e um Carlos Drummond de Andrade tem de diferente, mas o que têm de igual. E o que nos igualava, por cima de nossos despautérios individualistas, era justamente a organicidade de um espírito atualizado, que pesquisava já irrestritamente radicado à sua entidade coletiva nacional. Não apenas acomodado à terra, mas gostosamente radicado em sua realidade. O que não se deu sem alguma patriotice e muita falsificação...

Nisto as orelhas burguesas se alardearam refartas por debaixo da aristocrática pele do leão que nos vestira... Porque, com efeito, o que se observa, o que caracteriza essa radicação na terra, num grupo numeroso de gente modernista de uma assustadora adaptabilidade política, palradores de definições nacionais, sociólogos otimistas, o que os caracteriza é um conformismo legítimo, disfarçado e mal disfarçado nos melhores, mas na verdade cheio de uma cínica satisfação. A radicação na terra, gritada em doutrinas e manifestos, não passava de um conformismo acomodático. Menos que radicação, uma cantoria ensurdecedora, bastante acadêmica, que não raro tornou-se um porque-me-ufano larvar. A verdadeira consciência da terra levava fatalmente ao não-conformismo e ao protesto., como Paulo Prado com o "Retrato do Brasil", e os vasqueiros "anjos" do Partido Democrático e do Integralismo. E 1930 vai ser também um protesto! Mas para um número vasto de modernistas, o Brasil se tornou uma dádiva do céu. Um céu bastante governamental... Graça Aranha, sempre desacomodado em nosso meio que ele não podia sentir bem, tornou-se o exegeta desse nacionalismo conformista, com aquela frase detestável de não sermos "a câmara mortuária de Portugal". Quem pensava nisso! Pelo contrário, o que ficou dito foi que não nos incomodava nada "coincidir" com Portugal, pois o importante era a desistência do confronto e das liberdades falsas. Então nos xingaram de "primitivistas".

O estandarte mais colorido dessa radicação à pátria foi a pesquisa da "língua brasileira". Mas foi talvez boato falso. Na verdade, apesar das aparências e da bulha que fazem agora certas santidades de última hora, nós estamos ainda atualmente tão escravos da gramática lusa como qualquer português. Não há dúvida nenhuma que nós hoje sentimos e pensamos o quantum satis brasileiramente. Digo isto até com certa melancolia, amigo Macunaíma, meu irmão. Mas isso não é o bastante para identificar a nossa expressão verbal, muito embora a realidade brasileira, mesmo psicológica, seja agora mais forte e insolúvel que nos tempos de José de Alencar ou de Machado de Assis. E como negar que estes também pensavam brasileiramente? Como negar que no estilo de Machado de Assis, luso pelo ideal, intervém um quid familiar que o diferencia verticalmente de um Garret e um Ortigão? Mas se nos românticos, em Álvares de Azevedo, Varela, Alencar, Macedo, Castro Alves, há uma identidade brasileira que nos parece bem maior que a de Brás Cubas ou Bilac, é porque nos românticos chegou-se a um "esquecimento" da gramática portuguesa, que permitiu muito maior colaboração entre o ser psicológico e a sua expressão verbal.

O espírito modernista reconheceu que se vivíamos já de nossa realidade brasileira, carecia reverificar nosso instrumento de trabalho para que nos expressássemos com identidade. Inventou-se do dia pra noite a fabulosíssima "língua brasileira". Mas ainda era cedo; e a força dos elementos contrários, principalmente a ausência de órgãos científicos adequados, reduziu tudo a manifestações individuais. E hoje, como normalidade de língua culta e escrita, estamos em situação inferior à de cem anos atrás. A ignorância pessoal de vários fez com que se anunciassem em suas primeiras obras, como padrões excelentes de brasileirismo estilístico. Era ainda o mesmo uso dos românticos: não se tratava duma superação da lei portuga, mas duma ignorância dela. Mas assim que alguns desses prosadores se firmaram pelo valor pessoal admirável que possuíam (me refiro à geração de 30), principiaram as veleidades de escrever certinho. E é cômico observar que, hoje em alguns dos nossos mais fortes estilistas surgem a cada passo, dentro duma expressão já intensamente brasileira, lusitanismos sintáxicos ridículos. Tao ridículos que se tornam verdadeiros erros de gramática! Noutros, esse reportuguesamento expressional ainda e mais precário: querem ser lidos além-mar, e surgiu o problema econômico de serem comprados em Portugal. Enquanto isso, a melhor intelectualidade lusa, numa liberdade esplendida, aceitava abertamente os mais exagerados de nós, compreensiva, sadia, mão na mão.

Teve também os que, desaconselhados pela preguiça, resolveram se despreocupar do problema...

São os que pregam anglicismos e galicismos dos mais abusivos, mas repudiam qualquer "me parece" por artificial! Outros, mais cômicos ainda, dividiram o problema em dois: nos seus textos escrevem gramaticalmente, mas permitem que seus personagens, falando, "errem" o português. Assim, a... culpa não é do escritor, é dos personagens! Ora não há solução mais incongruente em sua aparência contraditória. Não só põe em foco o problema do erro de português, como estabelece um divórcio inapelável entre a língua falada e a língua escrita – bobagem bêbada para quem souber um naco de filologia. E tem ainda as garças brancas do individualismo que, embora nacional, se recusam a colocar brasileiramente um pronome, para não ficarem parecendo com Fulano! Estes ensimesmados esquecem que o problema é coletivo e que, se adotado por muitos, muitos ficavam se parecendo com o Brasil!

A tudo isto se ajuntava quase decisório, o interesse econômico de revistas, jornais e editores que intimidados com alguma carta rara de leitor gramatiquento ameaçando não comprar, se opõem à pesquisa linguística e chegam ao desplante de corrigir artigos assinados. Mas, morto o metropolitano Pedro II, quem nunca respeitou a inteligência neste país!

Tudo isto, no entanto, era sempre estar com o problema na mesa. A desistência grande foi criarem o mito do "escrever naturalmente", não tem dúvida, o mais feiticeiro dos mitos. No fundo, embora não consciente e desonrosa, era uma desonestidade como qualquer outra. E a maioria, sob o pretexto de escrever naturalmente (incongruência, pois a língua escrita, embora logica e derivada, é sempre artificial), se chafurdou na mais antilógica e antinatural das escritas. São uma lastima. Nenhum deles deixara de falar "naturalmente" um "Está se vendo" ou "Me deixe". Mas pra escrever... com naturalidade, até inventam os socorros angustiados das conjunções, pra se saírem com um "E se está vendo" que salva a pátria da retorquisse. E é uma delícia constatar que se afirmam escrever brasileiro, não tem uma só frase deles que qualquer luso não assinasse com integridade nacional... lusa. Se identificam àquele deputado mandando fazer uma lei que chamava de "língua brasileira" à língua nacional. Pronto: estava resolvido o problema! Mas como incontestavelmente sentem e pensam com nacionalidade, isto é, numa entidade ameríndio-luso-latino-americano-anglofranco-etc., o resultado é essa linguagem ersatz em que se desamparam – triste moxinifada moluscoide sem vigor nem caráter.

Não me refiro a ninguém não, me refiro a centenas. Me refiro justamente aos honestos, aos que sabem escrever e possuem técnica. São eles que provam a inexistência duma "língua brasileira", e que a colocação do mito no campo das pesquisas modernistas foi quase tão prematura como no tempo de Jose de Alencar. E se os chamei de inconscientemente desonestos é porque a arte, como a ciência, como o proletariado, não trata apenas de adquirir o bom instrumento de trabalho, mas impõe a sua constante reverificação. O operário não compra a foice apenas, ele tem de afiá-la dia após dia. O médico não fica no diploma, o renova dia por dia no estudo. Será que a arte nos exime deste diarismo profissional? Não basta criar o despudor da "naturalidade", da "sinceridade" e ressonar à sombra do deus novo. Saber escrever está muito bem; não é mérito, é dever primário. Mas o problema verdadeiro do artista não é esse: é escrever melhor. Toda a história do profissionalismo humano o prova. Ficar no aprendido não é ser natural: é ser acadêmico; não é despreocupação: é passadismo.

A pesquisa era ingente por demais. Cabia aos filólogos brasileiros, já criminosos de tão vexatórias reformas ortográficas patrioteiras, o trabalho honesto de fornecer aos artistas uma codificação das tendências e constâncias da expressão linguística nacional. Mas eles recuam diante do trabalho útil, é tão mais fácil ler os clássicos! Preferem a ciêncinha de explicar um erro de copista, imaginando uma palavra inexistente no latim vulgar. Os mais avançados vão até aceitar timidamente que iniciar a frase com pronome oblíquo não é "mais" erro no Brasil. Mas confessam não escrever... isso, pois não seriam "sinceros" com o que beberam no leite materno. Beberam "des-hormônios"! Bolas para os filólogos!

Caberia aqui também o repúdio dos que pesquisaram sobre a língua escrita nacional.. Preocupados pragmaticamente em ostentar o problema, praticaram tais exageros de tornar pra sempre odiosa a língua brasileira. Eu sei: talvez neste caso ninguém vença o escritor dessas linhas. Em primeiro lugar, o escrito destas linhas, com alguma faringite, vai passando bem, muito obrigado. Mas é certo que jamais exigiu lhe seguissem os brasileirismos violentos. Se os praticou (um tempo) foi na intenção de pôr em angústia aguda uma pesquisa que julgava fundamental. Mas o problema primeiro não é acintosamente vocabular, é sintáxico. E afirmo que o Brasil hoje possui, não apenas regionais, mas generalizadas no país, numerosas tendências e constâncias sintáxicas que lhe dão natureza característica à linguagem. Mas isso decerto ficará para outro futuro movimento modernista, amigo José de Alencar, meu irmão.

Mas como radicação da nossa cultura artística à entidade brasileira, as compensações são muito numerosas para que a atual hesitação linguística se torne falha grave. Como expressão nacional, é quase incrível o avanço enorme dado pela música e mesmo pela pintura, bem como o processo do Homo brasileiro realizado pelos nossos romancistas e ensaístas atuais. Espiritualmente, o progresso mais curioso e fecundo é o esquecimento do amadorismo nacionalista e do segmentarismo regional. A atitude do espírito se transformou radicalmente e talvez nem os moços de agora possam compreender essa mudança. Tomados ao acaso, romances como os de Emil Farhat, Fran Martins ou Telmo Vergara, há vinte anos atrás seriam classificados como literatura regionalista, com todo o exotismo e o insolúvel do "característico". Hoje quem sente mais isso? A atitude espiritual com que lemos esses livros não é mais a da contemplação curiosa, mas a de uma participação sem teoria nacionalista, uma participação pura e simples, não dirigida, espontânea.

É que realizamos essa conquista magnífica da descentralização intelectual, hoje em contraste aberrante com outras manifestações sociais do país. Hoje a Corte, o fulgor das duas cidades brasileiras de mais de um milhão, não tem nenhum sentido intelectual que não seja meramente estatístico. Pelo menos quanto à literatura, única das artes que já alcançou estabilidade normal no país. As outras são demasiado dispendiosas pra se normalizarem numa terra de tão interrogativa riqueza pública como a nossa. O movimento modernista, pondo em relevo e sistematizando uma "cultura" nacional, exigiu da Inteligência estar ao par do que se passava nas numerosas Cataguazes. E se as cidades de primeira grandeza fornecem facilitações publicitárias sempre especialmente estatísticas, é impossível ao brasileiro nacionalmente culto, ignorar um Érico Veríssimo, um Ciro dos Anjos, um Camargo Guarnieri, nacionalmente gloriosos do canto das suas províncias. Basta comparar tais criadores com fenômenos já históricos mas idênticos, um Alphonsus de Guimaraens, um Amadeu Amaral e os regionalistas imediatamente anteriores a nós, para verificar a convulsão fundamental do problema. Conhecer um Alcides Maia, um Carvalho Ramos, um Teles Junior era, nos brasileiros de há vinte anos, um fato individualista de maior ou menor "civilização". Conhecer um Guilhermino Cesar, um Viana Moog ou Olívio Montenegro, hoje é uma exigência de "cultura". Dantes, esta exigência estava relegada... aos historiadores.

A prática principal desta descentralização da Inteligência se fixou no movimento nacional das editoras provincianas. E se ainda vemos o caso de uma grande editora, como a Livraria José Olímpio, obedecer à atração da mariposa pela chama, indo se apadrinhar com o prestígio da Corte, por isto mesmo ele se torna mais comprovatório. Porque o fato da Livraria José Olímpio ter cultamente publicado escritores de todo o país, não a caracteriza. Nisto ela apenas se iguala à outras editoras também cultas de província, uma Globo, uma Nacional, a Martins, a Guaíra. O que exatamente caracteriza a editora da rua do Ouvidor – umbigo do Brasil, como diria Paulo Prado – é ter se tornado, por assim dizer, o órgão oficial das oscilações ideológicas do país, publicando tanto a dialética integralista como a política do sr. Francisco Campos.

Quanto à conquista do direito permanente de pesquisa estética, creio não ser possível qualquer contradição: é a vitória grande do movimento no campo da arte. E o mais característico é que o antiacademismo das gerações posteriores à da Semana de Arte Moderna, se fixou exatamente naquela lei estético-técnica do "fazer melhor" a que aludi, e não como um abusivo instinto de revolta, destruidor em princípio, como foi o do movimento modernista. Talvez seja o atual, realmente, o primeiro movimento de independência da Inteligência brasileira, que a gente possa ter como legitimo indiscutível. Já agora com todas as probabilidades de permanência. Até o Parnasianismo, até o Simbolismo, até o Impressionismo inicial de um Villa-

-Lobos, o Brasil jamais pesquisou (como consciência coletiva, entenda-se), nos campos da criação estética. Não só importávamos técnicas e estéticas, como só as importávamos depois de certa estabilização na Europa, e a maioria das vezes já academizadas. Era ainda um completo fenômeno de colônia, imposto pela nossa escravização econômico-social. Pior que isso: esse espirito acadêmico não tendia para nenhuma libertação e para uma expressão própria. E se um Bilac da "Via Láctea" é maior que todo o Lecomte, a... culpa não é de Bilac. Pois o que ele almejava era mesmo ser parnasiano, senhora Serena Forma.

Essa normalização do espírito de pesquisa estética, antiacadêmica, porém não mais revoltada e destruidora, a meu ver, é a maior manifestação de independência e de estabilidade nacional que já conquistou a Inteligência brasileira. E como os movimentos das outras formas da sociedade, é fácil de perceber a mesma tendência de liberdade e conquista de expressão própria, tanto na imposição do verso livre antes de 30, como na "marcha para o Oeste" posterior a 30; tanto na "Bagaceira", no "Estrangeiro", na "Negra Fulô" anteriores a 30, como no caso da Itabira e a nacionalização das indústrias pesadas, posteriores a 30.

Eu sei que ainda existem espíritos coloniais (é tão fácil a erudição!) só preocupados em demonstrar que sabem mundo a fundo, que nas paredes de Portinari só enxergam os murais de Rivera, no atonalismo de Francisco Mignone só percebem Schoenberg, ou no "Ciclo da Cana de Açúcar", o roman-fleuve dos franceses...

O problema não é complexo, mas seria longo discuti-lo aqui. Me limitarei a propor o dado principal. Nós tivemos no Brasil um movimento espiritual (não falo apenas escola de arte) que foi absolutamente "necessário", o Romantismo.

Insisto: não me refiro apenas ao romantismo literário, tão acadêmico como a importação inicial do modernismo artístico, e que se poderá comodamente datar de Domingos José Gonçalves de Magalhães, como o nosso do expressionismo de Anita Malfatti. Me refiro ao "espírito" romântico, ao espírito revolucionário romântico, que está na Inconfidência, no Basílio da Gama do "Uraguai", nas liras de Gonzaga como nas "Cartas Chilenas" de quem os senhores quiserem. Este espírito preparou o estado revolucionário de que resultou a independência política, e teve como padrão bem briguento a primeira tentativa de língua brasileira. O espírito revolucionário modernista, tão necessário como o romântico, preparou o estado revolucionário de 30 em diante, e também teve como padrão barulhento a segunda tentativa de nacionalização da linguagem. A similaridade é muito forte.

Esta necessidade espiritual, que ultrapassa a literatura estética, é que diferencia fundamentalmente Romantismo e Modernismo das outras escolas de arte brasileiras. Estas foram todas essencialmente acadêmicas, obediências culturalistas que denunciavam muito bem o colonialismo da Inteligência nacional. Nada mais absurdamente imitativo (pois se nem era imitação, era escravidão!) que a cópia, no Brasil, de movimentos estéticos particulares, que de forma alguma eram universais, como o culteranismo ítalo--ibérico setecentista, como o Parnasianismo, como o Simbolismo, como o Impressionismo, ou como o Wagnerismo de um Leopoldo Miguez. São superfetações culturalistas, impostas de cima para baixo, de proprietário a propriedade, sem o menor fundamento das forças populares. Daí uma base desumana, prepotente e, meu Deus! arianizante que, se prova o imperialismo dos que com ela dominavam, prova a sujeição dos que com ela eram dominados. Ora, aquela base humana e popular das pesquisas estéticas é facílimo encontrar no Romantismo, que chegou mesmo a retornar coletivamente às fontes do povo e, a bem dizer, criou a ciência do folclore. E mesmo sem lembrar folclore, no verso livre, no cubismo, no atonalismo, no predomínio do ritmo, no super-realismo mítico, no expressionismo, iremos encontrar essas mesmas bases populares e humanas. E até primitivas, como a arte negra que influiu na invenção e na temática cubista. Assim como o cultíssimo roman-fleuve e os ciclos com que um Octavio de Faria processa a decrepitude da burguesia, ainda são instintos e formas funcionalmente populares, que encontramos nas mitologias cíclicas, nas sagas e nos Kalevalas e Nibelungos de todos os povos. Já um autor escreveu, como conclusão condenatória, que "a estética do Modernismo ficou indefinível"... Pois essa é a melhor razão de ser do Modernismo! Ele não era uma estética, nem na Europa nem aqui. Era um estado de espírito revoltado e revolucionário que, se a nós nos atualizou, sistematizando como constância da Inteligência nacional o direito antiacadêmico da pesquisa estética e preparou o estado revolucionário das outras manifestações sociais do país, também fez isto mesmo no resto do mundo, profetizando estas guerras de que uma civilização nova nascerá.

E hoje o artista brasileiro tem diante de si uma verdade social, uma liberdade (infelizmente só estética), uma independência, um direito às suas inquietações e pesquisas que, não tendo passado pelo que passaram os modernistas da Semana, ele nem pode imaginar que conquista enorme representa. Quem se revolta mais, quem briga mais contra o politonalismo de um

Lourenço Fernandes, contra a arquitetura do Ministério da Educação, contra os versos "incompreensíveis" de um Murilo Mendes, contra o personalismo de um Guignard?... Tudo isso são hoje manifestações normais, discutíveis sempre, mas que não causam o menor escândalo público. Pelo contrário, são os próprios elementos governamentais que aceitam a realidade de um Lins do Rego, de um Villa-Lobos, de um Almir de Andrade, pondo-os em cheque e no perigo das predestinações. Mas um Flávio de Carvalho, mesmo com as suas experiências numeradas, e muito menos um Clóvis Graciano, mas um Camargo Guarnieri mesmo em luta com a incompreensão que o persegue, um Octávio de Faria com a aspereza dos casos que expõe, um Santa Rosa, jamais não poderão suspeitar o a que nos sujeitamos, pra que eles pudessem viver hoje abertamente o drama que os dignifica. A vaia acesa, o insulto público, a carta anônima, a perseguição financeira... Mas recordar é quase exigir simpatia e estou a mil léguas disto.

E me cabe finalmente falar sobre o que chamei de "atualização da inteligência artística brasileira". Com efeito: não se deve confundir isso com a liberdade da pesquisa estética, pois esta lida com formas, com a técnica e as representações da beleza, ao passo que a arte é muito mais larga e complexa que isso, e tem uma funcionalidade imediata social, é uma profissão e uma força interessada da vida.

A prova mais evidente desta distinção é o famoso problema do assunto em arte, no qual tantos escritores e filósofos se emaranharam. Ora, não há dúvida nenhuma que o assunto não tem a menor importância para a inteligência estética. Chega mesmo a não existir para ela. Mas a inteligência estética se manifesta por intermédio de uma expressão interessada da sociedade, que é a arte. Esta é que tem uma função humana, imediatista e maior que a criação hedonística da beleza. E dentro dessa funcionalidade humana da arte é que o assunto adquire um valor primordial e representa uma mensagem imprescindível. Ora, como atualização da inteligência artística é que o movimento modernista representou um papel contraditório e muitas vezes gravemente precário.

Atuais, atualíssimos, universais, originais mesmo por vezes em nossas pesquisas e criações, nós, os participantes do período melhormente chamado "modernista", fomos, com algumas exceções nada convincentes, vítimas do nosso prazer da vida e da festança em que nos desvirilizamos. Se tudo mudávamos em nós, uma coisa nos esquecemos de mudar: a atitude interessada diante da vida contemporânea. E isto era o principal! Mas aqui meu pensamento se torna tão delicadamente confessional que terminarei este discurso falando mais diretamente de mim. Que se reconheçam no que eu vou dizer os que o puderem.

Não tenho a menor reserva em afirmar que a minha obra representa uma dedicação feliz a problemas do meu tempo e minha terra. Ajudei coisas, maquinei coisas, fiz coisas, muita coisa! E, no entanto, me sobra agora a sentença de que fiz muito pouco, porque todos os meus feitos derivaram duma ilusão vasta. E eu que sempre me pensei, e senti mesmo, sadiamente banhado de amor humano, chego no declínio da vida à convicção de que falou humanidade em mim. Meu aristocratismo me puniu. Minhas intenções me enganaram.

Vítima do meu individualismo, procuro em vão nas minhas obras, e também nas de muitos companheiros, uma paixão mais temporânea, uma dor mais viril da vida. Não tem. Tem, mas é uma antiquada ausência de realidade em muitos de nós. Estou repisando o que já disse a um moço... E outra coisa senão o respeito que tenho pelo destino dos mais novos se fazendo, não me levaria a esta confissão bastante cruel, de perceber em quase toda a minha obra a insuficiência do abstencionismo. Francos, dirigidos, muitos de nós demos às nossas obras uma caducidade de combate. Estava certo, em princípio. O engano é que nos pusemos combatendo lençóis superficiais de fantasmas. Deveríamos ter inundado a caducidade utilitária do nosso discurso, de maior angústia do tempo, de maior revolta contra a vida como está. Em vez: formos quebrar vidros de janelas, discutir modas de passeio, ou cutucar os valores eternos, ou saciar nossa curiosidade de cultura. E se agora percorro a minha obra já numerosa e que representa uma vida trabalhada, não me vejo uma só vez pegar a máscara do tempo e esbofeteá-la como ela merece. Quando muito lhe fiz de longe umas caretas. Mas isto, a mim, não me satisfaz.

Não me imagino político de ação. Mas nós estamos vivendo uma idade política do homem, e a isso eu tinha que servir. Mas em síntese, eu só me percebo, feito um Amador Bueno qualquer, falando "não quero" e me isentando da atualidade por detrás das portas contemplativas de um convento. Também não me desejaria escrevendo páginas explosivas, brigando a pau por ideologias e ganhando os louros fáceis de um xilindró. Tudo isso não sou nem é pra mim. Mas estou convencido de que devíamos ter nos transformado de especulativos em especuladores. Há sempre jeito de escorregar num ângulo de visão, numa escolha de valores, no embaçado duma lágrima que avolumem ainda mais o insuportável das condições atuais do mundo. Não. Viramos abstencionistas abstêmios e transcendentes . Mas por isso mesmo que fui sinceríssimo, que desejei ser fecundo e joguei lealmente com todas as minhas cartas à vista, alcançando agora esta consciência de que fomos bastante inatuais. Vaidade, tudo vaidade...

Tudo o que fizemos... tudo o que eu fiz foi especialmente uma cilada da minha felicidade pessoal e da festa em que vivemos. É, aliás o que, com decepção açucarada, nos explica historicamente. Nós éramos os filhos finais de uma civilização que se acabou, e é sabido que o cultivo delirante do prazer individual represa as forças dos homens sempre que uma idade morre. E já mostrei que o movimento modernista foi destruidor. Muitos porem ultrapassamos essa fase destruidora, não nos deixamos ficar no seu espirito e igualamos nosso passo, embora um bocado turtuveante, ao das gerações mais novas. Mas apesar das sinceras intenções boas que dirigiram a minha obra e a deformaram muito, na verdade, será que não terei passeado apenas, me iludindo de existir?... É certo que eu me sentia responsabilizado pelas fraquezas e as desgraças dos homens. É certo que pretendi regar minha obra de orvalhos mais generosos, sujá-la nas impurezas da dor, sair do limbo "ne trista ne lieta" da minha felicidade pessoal. Mas pelo próprio exercício da felicidade, mas pela própria altivez sensualíssima

do individualismo, não me era mais possível renegá-
-los como um erro, embora eu chegue um pouco tarde à convicção de sua mesquinhez.

A única observação que pode trazer alguma com-
placência para o que eu fui, é que eu estava enga-
nado. Julgava sinceramente cuidar mais da vida que
de mim. Deformei, ninguém não imagina quanto, a
minha obra – o que não quer dizer que se não fizesse
isso, ela fosse melhor... Abandonei, traição consciente, a ficção, em favor de um homem-de-estudo que
fundamentalmente não sou. Mas é que eu decidira
impregnar tudo quanto fazia de um valor utilitário,
um valor prático da vida, que fosse alguma coisa mais
terrestre que ficção, prazer estético, a beleza divina.

Mas eis que chego a este paradoxo irrespirável: tendo deformado toda a minha obra por um anti-indivi-
dualismo dirigido e voluntarioso, toda a minha obra
não é mais que um hiperindividualismo implacável! E
é melancólico chegar assim no crepúsculo, sem contar com a solidariedade de si mesmo. Eu não posso estar satisfeito de mim. O meu passado não é mais meu
companheiro. Eu desconfio do meu passado.

Mudar? Acrescentar? Mas como esquecer que estou na rampa dos cinquenta anos e que os meus gestos agora já são todos... memórias musculares?... Ex
omnibus bonis quae homini tribuit natura, nullum

melius esse tempestiva morte... O terrível é que talvez ainda nos seja mais acertada a discrição a virarmos por aí cacoeteiros de atualidade, macaqueando as atuais aparências do mundo. Aparências que levarão o homem por certo a maior perfeição de sua vida. Me recuso a imaginar na inutilidade das tragédias contemporâneas. O Homo Imbecilis acabará entregando os pontos à grandeza do seu destino.

Eu creio que os modernistas da Semana de Arte Moderna não devemos servir de exemplo a ninguém. Mas podemos servir de lição. O homem atravessa uma fase integralmente política da humanidade. Nunca jamais ele foi tão momentâneo como agora. Os abstencionismos e os valores eternos podem ficar pra depois. E apesar da nossa atualidade, da nossa nacionalidade, da nossa universalidade, uma coisa não ajudamos verdadeiramente, duma coisa não participamos: o melhoramento político-social do homem. E esta é a essência mesma da nossa idade.

Se de alguma coisa pode valer o meu desgosto, a insatisfação que eu me causo, que os outros não sentem assim na beira do caminho, espiando a multidão passar. Façam ou se recusem a fazer arte, ciências, ofícios. Mas não fiquem apenas nisto, espiões da vida, camuflados em técnicos de vida, espiando a multidão passar. Marchem com as multidões.

Aos espiões nunca foi necessária essa "liberdade" pela qual tanto se grita. Nos períodos de maior escravização do indivíduo, Grécia, Egito, artes e ciências não deixaram de florescer. Será que a liberdade é uma bobagem?... Será que o direito é uma bobagem!... A vida humana é que é alguma coisa a mais que ciências, artes e profissões. E é nessa vida que a liberdade tem um sentido, e o direito dos homens. A liberdade não é um prêmio, é uma sanção. Que há de vir.

CONVERSA COM JOEL SILVEIRA

Entrevista conduzida por Joel Silveira, em abril de 1939, e publicada originalmente na revista Vamos Ler (RJ), nº 144, 4 de maio de 1939.

Antes de 1922 era um poeta cheio de forma impecável, quase um alexandrino. Depois houve a "debacle". Foi por aí, precisamente, que o lutador tomou sua verdadeira característica e surgiu, com força e energia. Formou nos primeiros grupos revolucionários que, ao lado de Graça Aranha, transformaram radicalmente a literatura nacional. Foi, também, um dos vanguardeiros na luta por um Brasil mais sozinho, um Brasil que se fizesse, repentinamente, conhecido dos brasileiros. Na "Semana de Arte Moderna", apareceu como uma das figuras marcantes. Hoje está provado que esta "Semana de Arte Moderna" não resolveu lá grande coisa. Pelo que se depreende gora, chega-se à conclusão triste e decepcionante que os discursos e o excesso de ideias atrapalham tudo... Com ela ou sem ela, a literatura seguiria, logicamente, este caminho que vem tomando. O clima lá de fora tinha que influir por força. Mas, de qualquer maneira, a Semana de Arte Moderna apressou a carreira. E há mesmo quem diga, hoje, que a Revolução de 30 nada mais foi que uma conseqüência da Revolução de 22.

Daí esse interesse notável que Mário de Andrade vem despertando, de uns 12 anos para cá, dentro da literatura nacional. E dentro dela, ele é, sem dúvida, um dos capítulos mais pitorescos, digamos assim. Uma paisagem estranha, quase sem uniformidade. Excesso de temas. Emaranhado de assuntos. É que o homem, meus senhores, entende de tudo, opina sobre tudo. Desde a música até à crítica teatral. E da crítica teatral à crítica dos livros. Cada ano encontra Mário de Andrade fazendo alguma coisa de novo. Não descansa. Sabe unir a ação prática de um Roquette Pinto, por exemplo, à criação intelectual de um José Lins do Rego ou de um Jorge Amado. Fértil e inesgotável. Revolucionário em tudo que faz ou cria. No estilo, na poesia, na prosa, nos ensaios de cultura. O que define melhor Mário de Andrade é que ele, em tudo que escreve, dá sempre a sua opinião. Às vezes nem chega a respeitar a opinião dos outros. Pouco importa. O que importa é que a sua opinião é a certa: olhem bem, vejam como eu digo, meditem sobre as minhas considerações. Talvez não seja um literato. Ou talvez seja somente um literato.

Este capítulo pitoresco da literatura brasileira, da nova literatura do Brasil, anda atualmente por estas plagas. Pensamos nele. O melhor lugar para se encontrar Mário de Andrade é na rua. Ele pouco fica em casa. A rua é seu mundo. E dentro deste mundo o oásis predileto é aquela mesa ao ar livre, no "Amarelinho". Mesa que vai passar, sem dúvida, para a história da arte e da literatura do nosso país. Todas as tardes o grupo é ali animadíssimo e precioso. Portinari, Santa Rosa, José Lins do Rego, Rubem Braga, Mário de Andrade, Graciliano Ramos - todos eles vão para ali discutir, conversar, tomar "chopp". Quem passa por fora nota logo que aqueles homens são seres estranhos. Eles falam e gesticulam demais. Foi, pois, no "Amarelinho" que fomos encontrar o autor de Macunaíma. Ainda era cedo, a tarde começava, e Mário de Andrade estava sozinho, lendo um vespertino. Aproximamo-nos:

Dá licença?

Ele virou-se, meio assustado, endireitou os óculos grossos: "Pode sentar".

Vim lhe segurar para uma entrevista. Pode ser?

Entrevista para onde?

Para a série que estou fazendo no Vamos Ler!

É, tenho lido. Gostei muito da do José Lins. Mas acho que não vou ter muita coisa para contar. Você quer saber é da vida da gente, não é?

Da vida e da obra. Aliás prefiro que você vá conversando sobre o que achar interessante. Eu vou tomando minhas notas.

Ah! bem. Então escute. Mas... Você não quer fazer uma pergunta inicial? Para eu poder coordenar o assunto, compreende?

Pois sim. Vai aí a mais simples: em que ano você nasceu?

Nasci em 1893, em São Paulo.

E por aí continuou. Falou quase uma hora e das notas que conseguimos apanhar, tiramos tudo isto que vai aí em baixo. Mário de Andrade foi um dos artistas revolucionários que principiaram a usar sistematicamente nos seus livros a língua nacional, libertando o estilo literário no Brasil das regras gramaticais da língua de Portugal. Livros como o *Clã do Jaboti* (poesia), contos como os de *Belazarte* e a rapsódia romanceada do *Macunaíma* (talvez a obra principal do escritor) são inteiramente libertos de preocupações que não sejam americanas e brasileiras, e vazadas numa linguagem que positivamente não corresponde mais às regras psicológicas e técnicas do português de Portugal. O seu livro, *Pauliceia desvairada*, representa uma das principais contribuições ao assunto e foi a primeira obra a usar sistematicamente o verso livre no Brasil em 1920. O movimento de renovação das artes no Brasil e libertação do espírito acadêmico, movimento que estourou com a "Semana de Arte Moderna", realizada em São Paulo, e que revolucionou as artes brasileiras, teve em *Pauliceia desvairada*, publicado nesse mesmo ano da "Semana" (1922, um dos seus principais gritos de combate).

Como musicista, Mário de Andrade se dirigiu francamente para as pesquisas da nacionalização da música brasileira. Dedicou-se principalmente, nesse sentido, à crítica e às pesquisas folclóricas, principalmente musicais. Suas obras técnicas mais importantes, como o Ensaio sobre a música brasileira, as Modinhas imperiais, o livro de crítica, Música, doce música, são francamente orientados nesse sentido da pesquisa da coisa nacional. O Ensaio supra citado pode ser tido por uma das primeiras obras, senão a primeira, que deram aos estudos de folclore musical, no Brasil, uma orientação verdadeiramente científica.

Essa orientação, Mário de Andrade a desenvolveu, em seguida, como Diretor do Departamento de Cultura de São Paulo, cargo que ocupou desde a fundação do Departamento, até maio de 1938. Nesse Departamento iniciou curso de Etnografia e Folclore. Fundou a Sociedade de Etnografia e Folclore, que está fazendo os primeiros estudos sul-americanos de cartografia folclórica. E criou a Discoteca Pública de São Paulo, que além do arquivo folclórico-musical brasileiro, gravado por meios não mecânicos, está gravando em discos e filmando as canções e bailados populares do país.

Recentemente, por sua iniciativa, o Departamento de Cultura realizou o Congresso da Língua Nacional Cantada, que reuniu os maiores filólogos, musicólogos e compositores do país e mais uma centena de instituições pedagógicas e artísticas do Brasil. Ainda por iniciativa de Mário de Andrade deu-se andamento em São Paulo das Primeiras Casas de Cultura Proletária, cuja organização técnica lhe pertence. Foi ainda autor do ante-projeto de que derivou a Serviço do Patrimônio Histórico e Artístico Nacional, destinado ao tombamento, proteção e estudo do patrimônio artístico do país. Em 1938, transferindo-se para o Rio de Janeiro, Mário de Andrade assumiu o cargo de Diretor do Instituto de Artes, na Universidade do Distrito Federal, onde está regendo ainda a cátedra de História e Filosofia da Arte.

A conversa de Mário de Andrade nada tem de pretensiosa. O escritor fala como se estivesse contando coisas já por demais sabidas e que nunca é demais repetir. O que ele ama, acima de tudo, e esta movimentação crescente, esta angústia de estar sempre fazendo alguma coisa. Aquela cabeça parece que nunca conheceu descanso. Dali já saíram as ideias mais originais, quase absurdas. E quantas ainda não vivem lá dentro, espremidas, doidas para verem a luz do sol?

Eu poderia botar um ponto final aqui na minha vida. Estamos em pleno ano de 1939, num belíssimo e ensolarado abril. Muito bem. Mas você acha que é hora pra outra? Eu não acho. Tenho cá para comigo que quem começa a luta deve ir até o fim. E eu vou. Minha vida absolutamente não terminou. Estou vivendo plenamente a hora presente vivendo de um modo absoluto. E tenciono viver, com a mesma energia e desassombro, as horas próximas do futuro. Logo notamos que chegara a hora das perguntas. E tínhamos algumas já engatilhadas.

Mário, quantos livros você já escreveu? Podia me dar a lista completa?

Lista não dou. Mas vou dizendo. É muito mais prático. O meu primeiro livro chamou-se *Há uma gota de sangue em cada poema*, livro de versos, que apareceu em 1917. Seguiu-se a famigerada *Pauliceia desvairada*, que, como já lhe disse, foi posto a venda em 1922. Depois veio *A escrava que não é Isaura*, arte poética, em 1925, *Losango cáqui* em 1926, também poesia, *Primeiro andar*, contos, em 1928 (do qual apareceu em 1932, uma nova edição), *Amar, verbo intransitivo*, romance, em 1927 (traduzido em 1933 para o inglês com o nome de *Fraulein*, e posto à venda em Nova York naquele mesmo ano), *Clã do Jaboti*, poesia, em 1927, *Macunaíma*, rapsódia, em 1928 (nova edição em 1937), *Ensaio sobre a música brasileira*, em 1928. *Compêndio de história da música*, em 1929 (e mais duas edições em 1933 e 1936), *Modinhas imperiais*, em 1930, *Belazarte*, contos em 1934 Música, doce música, crítica, em 1937, *O samba rural paulista*, folclore, em 1937, *O Aleijadinho e Alvares de Azevedo*, crítica, em 1936 e *Namoros com a Medicina*, um livro de etnografia e folclore, que apareceu este ano.

E sobre viagens? Tem viajado muito?

Nunca saí do Brasil, a não ser em pequenas incursões nos limites do Peru e da Bolívia. Em compensação conheço quase todo o meu país, tendo mesmo feito pormenorizadas viagens de estudo pelo Nordeste, pela Amazônia e por Minas Gerais.

Nota-se sempre em seus livros a presença do Brasil. Considera-se um nacionalista convicto?

Não. Apesar de minha orientação nacional, não sou um "nacionalista" no sentido apologista desta palavra. Considero-me um cidadão do mundo, e se trabalho a coisa brasileira, é pelo interesse humano que isso tem.

E como vive dentro da vida? Suas preferências?

Gosto de comer e beber bem. Exerço a preguiça sistematicamente porque considero a preguiça uma necessidade para os povos de climas quentes. De resto, somente um pequeno contato com as minhas obras, me demonstra muito mais marcado pelo tropicalismo que propriamente pelo nacionalismo.

Abrimos aqui um parênteses para assinalar mais uma originalidade deste espírito incomum. Mário de Andrade possui uma bela biblioteca e é bibliófilo. Tendo o bom gosto de conservar intactos os livros que lhe dedicam, compra outro exemplar da obra para lê-la. Possui assim a mais bela coleção de duplicatas da bibliofilia nacional. Sua coleção de gravuras e desenhos é também notável com mais de mil documentos. Do mesmo interesse é a sua coleção de obras de arte populares brasileiras (sic). Continuamos com nossas perguntas, aproveitando o bom humor do escritor:

Sua obra tem recebido muitas restrições e ataques?

Se tem, não sei. Nunca leio ataques à minha obra nem cartas anônimas. Só leio elogios. Quando me perguntam a razão desse método, respondo que leio os elogios porque eles não me impedem de guardar a opinião que tenho sobre minhas próprias obras; não leio os ataques porque podem ser verdadeiros e não leio as cartas anônimas porque tenho receio de modificar o juízo otimista que faço da humanidade.

Tem algum livro novo no prelo?

Tenho um livro de poemas: *Girassol da madrugada*, que sairá em edição limitada, ilustrado por Santa Rosa. E preparo também um romance que pretendo terminar ainda este ano e que, talvez provisoriamente, tem o título Quatro pessoas.

E fazendo um ar sarcástico:

É excusado dizer que as quatro pessoas são principalmente três.

E...

Não, rapaz. Basta de perguntas. Vamos gozar a tarde. Você já tem material bastante para fazer o seu "vale". Vamos tomar pacificamente o nosso "chopp".

E ali ficamos por mais quase uma hora a "gozar a tarde". Outros intelectuais foram se chegando, e logo era uma volta cerrada em torno da banca, onde Mário de Andrade, com aqueles óculos enormes aquela risada ribombante, pontificava como um deus, pletórico de saúde e humor.

Meditação sobre o Tietê

Água do meu Tietê,
Onde me queres levar?
– Rio que entras pela terra
E que me afastas do mar…

É noite. E tudo é noite. Debaixo do arco admirável
Da Ponte das Bandeiras o rio
Murmura num banzeiro de água pesada e oliosa.
É noite e tudo é noite. Uma ronda de sombras,
Soturnas sombras, enchem de noite de tão vasta
O peito do rio, que é como si a noite fosse água,
Água noturna, noite líquida, afogando de apreensões.
As altas torres do meu coração exausto. De repente
O ólio das águas recolhe em cheio luzes trêmulas,
É um susto. E num momento o rio
Esplende em luzes inumeráveis, lares, palácios e ruas,
Ruas, ruas, por onde os dinossauros caxingam.
Agora, arranha-céus valentes donde saltam.
Os bichos blau e os punidores gatos verdes,
Em cânticos, em prazeres, em trabalhos e fábricas,

Luzes e glória. É a cidade... É a emaranhada forma
Humana corrupta da vida que muge e se aplaude.
E se aclama e se falsifica e se esconde. E deslumbra.
Mas é um momento só. Logo o rio escurece de novo,
Está negro. As águas oliosas e pesadas se aplacam
Num gemido. Flor. Tristeza que timbra um
                caminho de morte.
É noite. E tudo é noite. E o meu coração devastado
É um rumor de germes insalubres pela noite insone
                e humana.
Meu rio, meu Tietê, onde me levas?
Sarcástico rio que contradizes o curso das águas
E te afastas do mar e te adentras na terra dos homens,
Onde me queres levar?...
Por que me proíbes assim praias e mar, por que
Me impedes a fama das tempestades do Atlântico
E os lindos versos que falam em partir e nunca
                mais voltar?
Rio que fazes terra, húmus da terra, bicho da terra,
Me induzindo com a tua insistência turrona paulista
Para as tempestades humanas da vida, rio, meu rio!...

Já nada me amarga mais a recusa da vitória
Do indivíduo, e de me sentir feliz em mim.
Eu mesmo desisti dessa felicidade deslumbrante,
E fui por tuas águas levado,

A me reconciliar com a dor humana pertinaz,
E a me purificar no barro dos sofrimentos
          dos homens.
Eu que decido. E eu mesmo me reconstituí árduo
          na dor
Por minhas mãos, por minhas desvividas mãos, por
Estas minhas próprias mãos que me traem,
Me desgastaram e me dispersaram por todos
          os descaminhos,
Fazendo de mim uma trama onde a aranha insaciada
Se perdeu em cisco e polem, cadáveres e verdades
          e ilusões.

Mas porém, rio, meu rio, de cujas águas eu nasci,
Eu nem tenho direito mais de ser melancólico e frágil,
Nem de me estrelar nas volúpias inúteis da lágrima!
Eu me reverto às tuas águas espessas de infâmias,
Oliosas, eu, voluntariamente, sofregamente, sujado
De infâmias, egoísmos e traições. E as minhas vozes,
Perdidas do seu tenor, rosnam pesadas e oliosas,
Varando terra adentro no espanto dos mil futuros,
À espera angustiada do ponto. Não do meu ponto final!
Eu desisti! Mas do ponto entre as águas e a noite,
Daquele ponto leal à terrestre pergunta do homem,
De que o homem há de nascer.

Eu vejo; não é por mim, o meu verso tomando
As cordas oscilantes da serpente, rio.
Toda a graça, todo o prazer da vida se acabou.
Nas tuas águas eu contemplo o Boi Paciência
Se afogando, que o peito das águas tudo soverteu.
Contágios, tradições, brancuras e notícias,
Mudo, esquivo, dentro da noite, o peito das águas,
        fechado, mudo,
Mudo e vivo, no despeito estrídulo que me fustiga
        e devora.
Destino, predestinações… meu destino. Estas águas
Do meu Tietê são abjetas e barrentas,
Dão febre, dão morte decerto, e dão garças e antíteses.
Nem as ondas das suas praias cantam, e no fundo
Das manhãs elas dão gargalhadas frenéticas,
Silvos de tocaias e lamurientos jacarés.
Isto não são águas que se beba, conhecido, isto são
Águas do vício da terra. Os jabirus e os socós
Gargalham depois morrem. E as antas e os
        bandeirantes e os ingás,
Depois morrem. Sobra não. Nem siquer o
        Boi Paciência
Se muda não. Vai tudo ficar na mesma, mas vai!…
        e os corpos
Podres envenenam estas águas completas no bem
        e no mal.

Isto não são águas que se beba, conhecido!
		Estas águas
São malditas e dão morte, eu descobri! e é por isso
Que elas se afastam dos oceanos e induzem à
		terra dos homens,
Paspalhonas. Isto não são água que se beba,
		eu descobri!
E o meu peito das águas se esborrifa, ventarrão vem,
		se encapela
Engruvinhado de dor que não se suporta mais.
Me sinto o pai Tietê! Ô força dos meus sovacos!
Cio de amor que me impede, que destrói e fecunda!
Nordeste de impaciente amor sem metáforas,
Que se horroriza e enraivece de sentir-se
Demagogicamente tão sozinho! Ô força!
Incêndio de amor estrondante, enchente magnânima
		que me inunda,
Me alarma e me destroça, inerme por sentir-me
Demagogicamente tão só!

A culpa é tua, Pai Tietê? A culpa é tua
Si as tuas águas estão podres de fel
E majestade falsa? A culpa é tua
Onde estão os amigos? Onde estão os inimigos?
Onde estão os pardais? e os teus estudiosos e sábios, e
Os iletrados?

Onde o teu povo? e as mulheres! dona Hircenuhdis
Quiroga!
E os Prados e os crespos e os pratos e
os barbas e os gatos e os línguas
Do Instituto Histórico e Geográfico, e os museus
          e a Cúria,
e os senhores chantres reverendíssimos,
Celso niil estate varíolas gide memoriam,
Calípedes flogísticos e a Confraria Brasiliense e Clima
E os jornalistas e os trustkistas e a Light e as
Novas ruas abertas e a falta de habitações e
Os mercados?… E a tiradeira divina de Cristo!…

Tu és Demagogia. A própria vida abstrata tem
          vergonha
De ti em tua ambição fumarenta.
És demagogia em teu coração insubmisso.
És demagogia em teu desequilíbrio anticéptico
E antiuniversitário.
És demagogia. Pura demagogia.
Demagogia pura. Mesmo alimpada de metáforas.
Mesmo irrespirável de furor na fala reles:
Demagogia.
Tu és enquanto tudo é eternidade e malvasia:
Demagogia.
Tu és em meio à (crase) gente pia:

Demagogia.
És tu jocoso enquanto o ato gratuito se esvazia:
Demagogia.
És demagogia, ninguém chegue perto!
Nem Alberto, nem Adalberto nem Dagoberto
Esperto Ciumento Peripatético e Ceci
E Tancredo e Afrodísio e também Armida
E o próprio Pedro e também Alcibíades,
Ninguém te chegue perto, porque tenhamos o pudor,
O pudor do pudor, sejamos verticais e sutis, bem
Sutis!… E as tuas mãos se emaranham lerdas,
E o Pai Tietê se vai num suspiro educado e sereno,
Porque és demagogia e tudo é demagogia.

Olha os peixes, demagogo incivil! Repete os
          carcomidos peixes!
São eles que empurram as águas e as fazem servir
          de alimento
Às areias gordas da margem. Olha o peixe dourado
          sonoro,
Esse é um presidente, mantém faixa de crachá
          no peito,
Acirculado de tubarões que escondendo na fuça
          rotunda
O perrepismo dos dentes, se revezam na rota solene
Languidamente presidenciais. Ei-vem

o tubarão-martelo
E o lambari-spitfire. Ei-vem o boto-ministro.
Ei-vem o peixe-boi com as mil mamicas imprudentes,
Perturbado pelos golfinhos saltitantes e as tabaranas
Em zás-trás dos guapos Pêdêcê e Guaporés.
Eis o peixe-baleia entre os peixes muçuns lineares,
E os bagres do lodo oliva e bilhões de peixins
          japoneses;
Mas és asnático o peixe-baleia e vai logo encalhar
          na margem,
Pois quis engolir a própria margem, confundido
          pela facheada,
Peixes aos mil e mil, como se diz, brincabrincando
De dirigir a corrente com ares de salva-vidas.
E lá vem por debaixo e por de-banda os interrogativos
          peixes
Internacionais, uns rubicundos sustentados de mosca,
E os espadartes a trote chique, esses são espadartes!
          e as duas
Semanas Santas se insultam e odeiam, na lufa-lufa
          de ganhar
No bicho o corpo do crucificado. Mas as águas,
As águas choram baixas num murmúrio lívido,
          e se difundem
Tecidas de peixe e abandono, na mais incompetente
          solidão.

Vamos, Demagogia! eia! sus! aceita o ventre e investe!
Berra de amor humano impenitente,
Cega, sem lágrimas, ignara, colérica, investe!
Um dia hás de ter razão contra a ciência e a realidade,
E contra os fariseus e as lontras luzidias.
E contra os guarás e os elogiados. E contra todos
        os peixes.
E também os mariscos, as ostras e os trairões fartos
        de equilíbrio e
Pundhonor.
Pum d'honor.
Qué-de as Juvenilidades Auriverdes!
Eu tenho medo… Meu coração está pequeno, é tanta
Essa demagogia, é tamanha,
Que eu tenho medo de abraçar os inimigos,
Em busca apenas dum sabor,
Em busca dum olhar,
Um sabor, um olhar, uma certeza…
É noite… Rio! meu rio! meu Tietê!
É noite muito!… As formas… Eu busco em vão
        as formas
Que me ancorem num porto seguro na terra
        dos homens.
É noite e tudo é noite. O rio tristemente
Murmura num banzeiro de água pesada e oliosa.
Água noturna, noite líquida… Augúrios mornos

afogam
As altas torres do meu exausto coração.
Me sinto esvair no apagado murmulho das águas
Meu pensamento quer pensar, flor, meu peito
Quereria sofrer, talvez (sem metáforas) uma dor
                    irritada...
Mas tudo se desfaz num choro de agonia
Plácida. Não tem formas nessa noite, e o rio
Recolhe mais esta luz, vibra, reflete, se aclara, refulge,
E me larga desarmado nos transes da enorme cidade.

Si todos esses dinossauros imponentes de luxo
                e diamante,
Vorazes de genealogia e de arcanos,
Quisessem reconquistar o passado...
Eu me vejo sozinho, arrastando sem músculo
A cauda do pavão e mil olhos de séculos,
Sobretudo os vinte séculos de anticristianismo
Da por todos chamada Civilização Cristã...

Olhos que me intrigam, olhos que me denunciam,
Da cauda do pavão, tão pesada e ilusória.
Não posso continuar mais, não tenho, porque
                os homens
Não querem me ajudar no meu caminho.
Então a cauda se abriria orgulhosa e reflorescente

De luzes inimagináveis e certezas...
Eu não seria tão-somente o peso deste meu
          desconsolo,
A lepra do meu castigo queimando nesta epiderme
Que encurta, me encerra e me inutiliza na noite,
Me revertendo minúsculo à advertência do meu rio.
Escuto o rio. Assunto estes balouços em que o rio
Murmura num banzeiro. E contemplo
Como apenas se movimenta escravizada a torrente,
E rola a multidão. Cada onda que abrolha
E se mistura no rolar fatigado é uma dor. E o surto
Mirim dum crime impune.

Vêm de trás o estirão. É tão soluçante e tão longo,
E lá na curva do rio vêm outros estirões e mais outros,
E lá na frente são outros, todos soluçantes e presos
Por curvas que serão sempre apenas as curvas do rio.
Há de todos os assombros, de todas as purezas
          e martírios
Nesse rolo torvo das águas. Meu Deus! Meu
Rio! Como é possível a torpeza da enchente
          dos homens!
Quem pode compreender o escravo macho
E multimilenar que escorre e sofre, e mandado
          escorre
Entre injustiça e impiedade, estreitado

Nas margens e nas areias das praias sequiosas?
Elas bebem e bebem. Não se fartam, deixando
            com desespero
Que o rosto do galé aquoso ultrapasse esse dia,
Pra ser represado e bebido pelas outras areias
Das praias adiante, que também dominam, aprisio-
nam e mandam
A trágica sina do rolo das águas, e dirigem
O leito impassível da injustiça e da impiedade.
Ondas, a multidão, o rebanho, o rio, meu rio, um rio
Que sobe! Fervilha e sobe! E se adentra fatalizado, e
em vez
De ir se alastrar arejado nas liberdades oceânicas,
Em vez se adentra pela terra escura e ávida
            dos homens,
Dando sangue e vida a beber. E a massa líquida
Da multidão onde tudo se esmigalha e se iguala,
Rola pesada e oliosa, e rola num rumor surdo,
E rola mansa, amansada imensa eterna, mas
No eterno imenso rígido canal da estulta dor.

Porque os homens não me escutam! Por que os
            governadores
Não me escutam? Por que não me escutam
Os plutocratas e todos os que são chefes e são fezes?
Todos os donos da vida?

Eu lhes daria o impossível e lhes daria o segredo,
Eu lhes dava tudo aquilo que fica pra cá do grito
Metálico dos números, e tudo
O que está além da insinuação cruenta da posse.
E si acaso eles protestassem, que não! que não
          desejam
A borboleta translúcida da humana vida, porque
          preferem
O retrato a ólio das inaugurações espontâneas,
Com béstias de operário e do oficial, imediatamente
          inferior.
E palminhas, e mais os sorrisos das máscaras
          e a profunda comoção,
Pois não! Melhor que isso eu lhes dava uma felicidade
          deslumbrante
De que eu consegui me despojar porque tudo
          sacrifiquei.
Sejamos generosíssimos. E enquanto os chefes
          e as fezes
De mamadeira ficassem na creche de laca e lacinhos,
Ingênuos brincando de felicidade deslumbrante:
Nós nos iríamos de camisa aberta ao peito,
Descendo verdadeiros ao léu da corrente do rio,
Entrando na terra dos homens ao coro das quatro
          estações.

Pois que mais uma vez eu me aniquilo sem reserva,
E me estilhaço nas fagulhas eternamente esquecidas,
E me salvo no eternamente esquecido fogo de amor...
Eu estalo de amor e sou só amor arrebatado
Ao fogo irrefletido do amor.
...eu já amei sozinho comigo; eu já cultivei também
O amor do amor, Maria!
E a carne plena da amante, e o susto vário
Da amiga, e a inconfidência do amigo... Eu já amei
Contigo, Irmão Pequeno, no exílio da preguiça eleva-
da, escolhido
Pelas águas do túrbido rio do Amazonas,
          meu outro sinal.
E também, Ó também! na mais impávida glória
Descobridora da minha inconstância e aventura,
Desque me fiz poeta e fui trezentos, eu amei
Todos os homens, odiei a guerra, salvei a paz!
E eu não sabia! eu bailo de ignorâncias inventivas,
E a minha sabedoria vem das fontes que eu não sei!
Quem move meu braço? quem beija por minha boca?
Quem sofre e se gasta pelo meu renascido coração?
Quem? sinão o incêndio nascituro do amor?...
Eu me sinto grimpado no arco da Ponte
          das Bandeiras,
Bardo mestiço, e o meu verso vence a corda
Da caninana sagrada, e afina com os ventos dos ares,

e enrouquece
Úmido nas espumas da água do meu rio,
E se espatifa nas dedilhações brutas do incorpóreo
Amor.

Por que os donos da vida não me escutam?
Eu só sei que eu não sei por mim! sabem por mim
                as fontes
Da água, e eu bailo de ignorâncias inventivas.
Meu baile é solto como a dor que range, meu
Baile é tão vário que possui mil sambas insonhados!
Eu converteria o humano crime num baile mais denso
Que estas ondas negras de água pesada e oliosa,
Porque os meus gestos e os meus ritmos nascem
Do incêndio puro do amor... Repetição. Primeira
                voz sabida, o Verbo.
Primeiro troco. Primeiro dinheiro vendido. Repetição
                logo ignorada.
Como é possível que o amor se mostre impotente
                assim
Ante o ouro pelo qual o sacrificam os homens,
Trocando a primavera que brinca na face das terras
Pelo outro tesouro que dorme no fundo baboso do rio!

É noite! é noite!... E tudo é noite! E os meus olhos
                são noite!

Eu não enxergo siquer as barcaças na noite.
Só a enorme cidade. E a cidade me chama e pulveriza,
E me disfarça numa queixa flébil e comedida,
Onde irei encontrar a malícia do Boi Paciência
Redivivo. Flor. Meu suspiro ferido se agarra,
Não quer sair, enche o peito de ardência ardilosa,
Abre o olhar, e o meu olhar procura, flor, um tilintar
Nos ares, nas luzes longe, no peito das águas,
No reflexo baixo das nuvens.

São formas... Formas que fogem, formas
Indivisas, se atropelando, um tilintar de formas
            fugidias
Que mal se abrem, flor, se fecham, flor, flor, informes
            inacessíveis,

Na noite. E tudo é noite. Rio, o que eu posso fazer!...
Rio, meu rio... mas porém há-de haver com certeza
Outra vida melhor do outro lado de lá
Da serra! E hei-de guardar silêncio
Deste amor mais perfeito do que os homens?...

Estou pequeno, inútil, bicho da terra, derrotado.
No entanto eu sou maior... Eu sinto uma grandeza in-
fatigável!
Eu sou maior que os vermes e todos os animais.

E todos os vegetais. E os vulcões vivos e os oceanos,
Maior... Maior que a multidão do rio acorrentado,
Maior que a estrela, maior que os adjetivos,
Sou homem! vencedor das mortes, bem nascido
                além dos dias,
Transfigurado além das profecias!

Eu recuso a paciência, o boi morreu, eu recuso
                a esperança.
Eu me acho tão cansado em meu furor.
As águas apenas murmuram hostis, água vil, mas
                turrona paulista
Que sobe e se espraia, levando as auroras represadas
Para o peito dos sofrimentos dos homens.
... e tudo é noite. Sob o arco admirável
Da Ponte das Bandeiras, morta, dissoluta, fraca,
Uma lágrima apenas, uma lágrima,
Eu sigo alga escusa nas águas do meu Tietê.

(30-XI-1944 - 12-II-1945)